我们·他们
如何与职场90后相处

Us vs. Them: Redefining the Multi-Generational Workplace
to Inspire Your Employees to Love Your Company,
Drive Innovation, and Embrace Change

〔美〕杰夫·海文斯 ‖ 著　　布茂勇　张西勇 ‖ 译

北京大学出版社
PEKING UNIVERSITY PRESS

著作权合同登记号　图字：01-2016-7661

图书在版编目（CIP）数据

我们·他们：如何与职场90后相处 /〔美〕杰夫·海文斯（Jeff Havens）著；布茂勇，张西勇译. —北京：北京大学出版社，2017.6

ISBN 978-7-301-27635-8

Ⅰ.①我… Ⅱ.①杰… ②布… ③张… Ⅲ.①企业管理 – 人事管理 – 研究 Ⅳ.①F272.92

中国版本图书馆CIP数据核字（2016）第237575号

书　　　　名	我们·他们：如何与职场90后相处
	WOMEN·TAMEN:RUHE YU ZHICHANG 90 HOU XIANGCHU
著作责任者	〔美〕杰夫·海文斯 著　布茂勇 张西勇 译
策 划 编 辑	李笑男
责 任 编 辑	李笑男 郝小楠
标 准 书 号	ISBN 978-7-301-27635-8
出 版 发 行	北京大学出版社
地　　　　址	北京市海淀区成府路205号　100871
网　　　　址	http://www.pup.cn
电 子 信 箱	em@pup.cn　QQ：552063295
新 浪 微 博	@北京大学出版社　@北京大学出版社经管图书
电　　　　话	邮购部62752015　发行部62750672　编辑部62752926
印 刷 者	北京宏伟双华印刷有限公司
经 销 者	新华书店
	850毫米×1168毫米　16开本　14印张　175千字
	2017年6月第1版　2017年6月第1次印刷
定　　　　价	45.00元

《我们·他们》获得各方赞誉

本书对职场不同世代员工如何进行有效管理和沟通，提出了一系列有效的、意义非凡的高见，让人耳目一新。

——阿什利·罗兹－考特尔，《纽约时报》畅销书作者

在本书中，作者告诉我们一些简单有效的管理不同世代员工的方法。相比之下，市面上其他类似书籍所说的就太复杂了。作者把职场群体分为"我们—他们"两部分，这个提法太妙了！与复杂难懂的4个"世代"的说法相比，本书避免了对人进行负面评价。另外，作者所提出的解决方案行之有效，且可操作性极强。

——安杰拉·S.肯普，高级人力资源管理师和全球人力资源管理师，
32年专注人力资源和管理沟通的专业人士

本书关注的是企业团队管理的一个重要命题。我们从本书学到了具体可行的解决方案，其中的一些知识和技能被成功应用于我所在公司的管理人员培训中。本书选取的案例均来自我们熟悉的工作和生活，作者的这种研究方法颇有新意。

——约翰尼·卡斯阿波罗，
杰克·亨利金融服务公司组织学习部门总监

杰夫的书以一种令人轻松的方式娓娓道来，让人倍感亲切。好像与老朋友坐在一起，闲聊工作和生活。书中所举的案例非常真实，提出的解决方案接地气，适合于各行各业的人们。

——贝姬·罗普，GROWMARK 公司人才管理部门总监

说句实话，能把我逗得大笑的作者不多，杰夫算一个，这家伙太幽默了！在这本书里，作者基于对一些真实案例的洞察，对职场中的忠诚、员工爱岗敬业、导师制、变革和创新等进行了深入研究和思考。他就像星球大战里的智慧大师尤达一样，告诉我们如何去获得职业和生活的巨大成功。如果你正好是一个管理者，抑或你是正在找工作的职场新人，这本书绝对值得一读！不骗你，就连这本书的脚注也值得你花钱购买它。

——罗斯·伯恩斯坦，运动类畅销书作家，知名企业培训师

混迹职场，难免会碰到各种冷言冷语，以及各种各样的上司。现在好了，这本书可以成为你的职场北极星，作者杰夫会引领大家走向一条金光大道，让你的职场之路痛苦少一点，挣钱多一点，欢乐更多一点。

——斯蒂夫·卡伯特森，Youth Service America 公司总裁

本书向奥卡姆和他伟大的剃刀原理致敬 [①]

[①] 奥卡姆剃刀原理（The Occam's Razor）是由 14 世纪逻辑学家、圣方济各会修士奥卡姆的威廉（William of Occam，约 1285—1349）提出的。这个原理称为"如无必要，勿增实体"（entities should not be multiplied unnecessarily），即"简单有效原理"。"当两个假说具有完全相同的解释力和预测力时，我们以那个较为简单的假说作为讨论依据。"作者以此暗指关于职场划分为 4 个"世代"的观点是复杂、不可取的。——译者注

致　谢

　　任何一本书的出版，都会让作者欠下一笔感情债。在此，我要感谢数十位为本书提供案例的朋友，谨向这些做出无私奉献的"无名英雄"们致谢，希望他们能给我一个请他们小酌一杯的机会。同样要感谢美国劳工统计局的朋友们，他们帮忙收集整理了过去几十年的大量数据，为本书提供了非常有价值的帮助。还要特别感谢为人低调的罗宾·邓巴（Robin Dunbar），他的研究成果让我受益匪浅。感谢发明互联网的那些伙计们，让我的研究工作事半功倍。

关于本书

在过去三十多年里，人们对职场不同代际群体的管理问题越来越关注，对该问题的研究也越来越复杂，但效果却越来越差！"专家"们将职场划分为3个、4个群体，甚至还有人分成5个，严格以特征进行区分，并提出了对应的管理方式。讽刺的是，这类书看得越多，人们对职场代际群体的认识就会越混乱，解决此类问题就会越困难！

不客气地讲，大部分此类研究都走进了死胡同，把原本简单的问题复杂化了！在本书中，杰夫·海文斯给我们提供了一个简单、直观，且具有可操作性的分析模型。这个模型来自于作者本人多年研究的积累，一定能帮助读者朋友们解决职场代际冲突这一顽疾。

杰夫·海文斯把职场划分为两个族群：资历深一点的"老家伙"和资历浅的"年轻人"。这种化繁为简的独特思路，会让读者"脑洞"大开，进而在解决让很多人头疼的职场代际管理问题时，能够拨开迷雾洞悉本质。

本书找到了职场代际冲突的心理学根源：将周围人分为"我们自己人"和"他们对方的人"——这一人类固化的心智模式。人类的这种思维一直存在并仍将发挥作用。读者一旦明白了这个道理，不管将来会遇到何种"新新人类"员工，职场代际冲突的问题都将会迎刃而解！

读完本书，读者能以更简单、更有效的方法解决以下问题：

- 激励所有年龄段的员工

- 博采众长，提升自己

- 激发员工的工作激情、忠诚，提高工作效率

- 有效预防老员工过早丧失工作激情

- 掌控并推动组织变革

- 促进组织内的创新

- 规划好组织的传承和发展

- 推动个人职业生涯发展

用"我们—他们"二元思维管理 90 后员工！

重新定义职场群体，激发员工热爱公司，驱动创新和拥抱变革！

前　言

为什么要写这本书

祝贺你拿到这本书——不管是你自己买的还是别人送的！接下来，我会帮你澄清职场生涯中始终存在的一些困惑。

- 如何有效激励新生代员工，避免人才流失？
- 如何防止老员工丧失激情，萎靡不振？
- 为什么你在职场生涯"心比天高，命比纸薄"，怎样才能扭转乾坤？
- 如何说服员工和上司接受你的宏图大略？
- 为什么同事的想法与你的想法大相径庭？如何做到相互学习，取长补短？
- 如何构建并保持能激发员工热情、忠诚、高效的企业文化？

这本书面向职场中的各类人群，包括管理者、普通职员、一线工人、公司高管、工商管理和人力资源专业的学生，甚至包括准备进入职场的求职者。本书甚至能够告诉父母如何和孩子之间实现更好的沟通交流。如果你曾经苦恼，不知该如何与公司的老员工和新员工有效沟通和对话，那么恭喜你，读完这本书你就会茅塞顿开。

或许现在你正在机场的书店，想找一本书来消磨待机的时光，如果这时你有幸看到这本书，你可能会这么想："这本书值得买吗？类似的书已经看过不少，这本书有什么不一样的吗？"

　　如果你真这么想，那就对了，市面上确实有数千本类似的书。但在我看来，以往流行的观点，在解读职场人群的代际差异问题时，把简单问题复杂化了，对解决问题没有实际的用处。本书有两个目标：一是重新解读过去几十年中所说的职场代际差异问题；二是构建一个简单有效、可操作的问题解决框架。我们并不会讨论"如何管理'千禧'一代"，以及"如何取悦你的老板"等诸如此类的话题，本书关注如何管理职场当中的所有群体。

　　想知道我是怎么想的吗？别急，先扯几句闲篇。前面我是不是说你在读这本"书"？我突然意识到，这个词可能是不恰当的，你现在手里拿的可能是一本纸质的实体书，这可能是因为你喜欢手里握着书的感觉。当然，此刻的你也可能眼睛正盯着平板电脑或者手机，或者在 PC 端读本书的电子版——电子书免去了来回翻页的麻烦。如果是这样的话，之前的表述就不恰当了。我之所以想知道你的阅读方式，是想据此来调整我的写作语言和方式。

　　扯到这些的真正目的是与这本书的主题——职场代际管理问题有关系的。"今时不同往日啦！"经常听到有人这么说，听上去蛮有道理的！遥想当年，在我们小的时候，电视台只有 12 个频道，跟现在比肯定是天壤之别。当年，如果你想跟谁打电话，就必须牢牢记住他的电话号码的每一位数字。而现在，通过互联网我们可以跟很多人建立联系，这简直太神奇了！科技发展使我们可以将海量的资料放在兜里随身携带，有人待在家里足不出户，借助于互联网，码字也可以码出个百万富翁来。

　　世界变化得太快！我想正是这个因素让你不得不思考下列几个问题。

- 在忠诚被视为明日黄花的当今职场，如何去提升员工忠诚度？
- 在世界呈现"秒速"变化的今天，怎样才能维持并发展自身的事业？
- 现在的年轻人是不是真变得比上一代不积极、不努力了？这到底是谁的责任？
- 为什么有些人顽固地抱着过时的经验不撒手？

● 怎样才能让每天都有好事情发生？

回答以上问题需要弄明白 3 点情形。首先，"今时不同往日"这句话，通常是老员工含蓄地教育年轻人时说的。实际上，这也正是多数以职场不同代际管理为主题的书籍想要传递的观点。我想，这也正是这类书令人讨厌的原因。**目前可见的关于职场代际管理问题的图书、论文和言论，其主题大多可以概括为一句话："现在的年轻人变了，接受现实吧！"**

毋庸置疑，这样的话得到了职场老员工的普遍认可，但却妨碍了我们从不同的角度看待这个问题。在和一些人座谈时，我不止一次地听到诸如此类的话语："为什么最终要改变的那个人是我，要知道，我可是老板，为什么他们不能按照我说的去做？"我想，这也正是你在收到"接受现实吧"的信息后会做出的正常反应。

如果总有那么一部分人不愿意做出任何让步或妥协，那么管理职场不同代际群体的问题将永远、永远得不到解决。如果你不同意我的话，那么，咱们打个赌，敢不敢现在回家告诉你们家里那一位："从今往后，你愿说什么就说什么，但是我一句都不听，我说的话就是圣旨！"呵呵，你敢不敢？可以想象，唯一的后果就是你会被一脚踢出家门。没事儿，大不了到时候我请你喝一杯。

其次，类似"今时不同往日"这样的观点，虽然不是故意为之，但肯定是极具误导性的，即这句话的潜台词是，我们现在所经历的社会发展状况与历史上任何一个阶段完全不同，这导致生长在不同时期的相邻两代人的特征存在明显差异。这种说法其实是有问题的。的确，电脑和网络的兴起推动了现代社会的进步，大大改变了人类社会的生活方式。本书后面会专门探讨网络和科技革命的影响，对于出生在其之前的人和在其环境中长大的人有何不同。但是，一个新生事物出现后，对不同人群产生不同影响也是很正常的，这没什么大不了的。当然，你会举例，比如英国摇滚乐影响了美国 20 世纪 60 年代的整整一代人[①]；汽车工业影响了"镀金时代"[②]那一代人；还有印刷机的使用，使得 15 世纪后半叶的欧洲呈现两极分化[③]。所以，仅仅简单的一句"今时不同往日"无助于解决任何问题，代际差异导致代际群体紧张，这在历史上不止一次出现，只是现在二者相互影响的方式已经完全不同了。

最后，第三点其实和第二点也有关系，就是你可能经常困惑不解，为什么那些年轻的同事看上去是如此任性，对企业缺乏忠诚？为什么那些年长的员工看上去不思进取，工作缺乏激情？诸如此类。其实，这些让你困惑的问题，在过去几个世纪的职场里面每天都在发生。人们对职场的代际问题关注之多，竟至于将其演绎成故事，从而产生了一些故事化的解决手段。[④]多少年了，总有人告诉我们，职场有彼此对立的 4 个世代群体，我们处于一个"多世代共事"的职场。这种说法是非常滑稽的。从古至今，大千世界的芸芸众生只有两个群体而已——"我们"和"他们"。

从本质上讲，这个世界是由人和人际关系构成的。[⑤]纵观人类的文明发展史，科技的发展改变了这个世界的方方面面，比如政治决策、经

---

① 在 20 世纪 60 年代以披头士为开端的来自英国的音乐传入美国，这段时间美国人把所有传入美国的流行音乐都称之为 British Invasion。——译者注

② 1873 年，马克·吐温出版了小说《镀金时代》。从此，人们用这个词来形容从南北战争结束到 20 世纪初的那一段美国历史，美国正处在经济迅速发展的"黄金时代"，即一个"遍地黄金"的时代。到 20 世纪初，美国已经是世界上最强的工业国了。历史学家认为，在这一历史时期，商业上的投机风气猖獗，政治上腐败严重，不少人以不正当手段发财致富，并以炫耀财富为荣，有些人口中的这个"黄金时代"不过是"镀金时代"罢了。——译者注

③ 英语、法语和德语本来是方言，当时这些地区的印刷商为了牟利，努力用本地方的语言来发行，导致这些语言越来越壮大，很快形成了现在的英法德民族文化和民族国家，而欧洲的拉丁文化和拉丁国家因为印刷技术落后而崩溃了。——译者注

④ 如《杜拉拉升职记》。——译者注

⑤ 比如脸谱网（Facebook）就是很好的例证。——译者注

济发展、全球贸易、文化进步。因此，只有正确地理解职场代际管理，才能找到正确的应对之道，而不是照搬照抄 50 年、100 年，甚至 3000 年前的方法。所以，基于同样的理由，本书的讨论也会在一定程度上聚焦于电脑、网络、全天候媒体的出现及其产生的影响。

但这部分内容的讨论只占本书的很少一部分。如果你想掌握命运，掌控这个世界的今天和明天，你要做的最重要的事情不是仅仅理解这个问题就可以了，而是要从根本上搞明白职场同事的行为方式和思维方式。我们从心理学基本知识和理论当中找到了问题的答案，从人类的洞穴时代到现在，这些知识一直在影响我们的工作和生活。我向你保证，读完这本书之后，不管你的员工是 18 岁还是 88 岁，你会彻底搞清楚如何因人而异实施激励管理。惊到了吧！我可没吹牛。你将会明白，职场员工在不同世代之间没有那么大的差异。如果想让你的职场生涯多一点快乐、健康和效率，和同事相处更融洽一点的话，这本书会告诉你怎么去做。

换句话说，多数关于职场代际管理的书籍，把简单问题给复杂化了，本书将还这个问题以本来面目。

不好意思，本书的部分内容可能有点儿偏学术化。有些读者可能听过我的主题演讲，读过我写的其他书，参与过我举办的其他培训项目，那你就会知道我真的是一个有娱乐精神的家伙，我真的没有故意卖弄以招人厌的意思。所以，我向你保证，读完这本书，你除了会有所收获，也会边读边快乐着——这可能是你之前所想不到的。如果我尽我所能把这本书写得更有娱乐感，想必你不会因此怪罪于我。最近看到一个调查结果说，相对于枯燥的事情，人们更喜欢享受快乐——这正是我这么做的部分原因。

看到这里，你也许会说：“我们公司确实有代际冲突现象，但是我个人对其他任何人都一视同仁，没有任何成见，我就是这样一个实事求是、客观公正的人。”别急，我会证明你并非如此。不妨让我做两点假设：首先，我怀疑你有一点过于自信。其次，你没说实话。不信的话，我们可以做两个小测试来验证一下。

假设你是一家之长,你有一个儿子和女儿,两个都没超过10岁,你认为睡觉的时间到了,可是俩熊孩子都不想上床睡觉,并跟你撒娇。现在你需要处理一个跟代际管理有关的难题。接下来,你会选择怎么做?

方案A:你让孩子和你一起坐下来,耐心、理性、心平气和地沟通早一点上床睡觉的好处,你会认真倾听孩子的想法,用诸如"我明白你的意思"和"这是一个有趣的理由"肯定孩子想法的可取之处。你把你的想法写在一张纸上,同时列出所有可能的解决方案,然后进行综合比较,找到最佳方案。然后,从双方团结与和谐的愿望出发,找到一个大家都能接受的最佳妥协方案。这样的话,在你家里,诸如何时上床睡觉这样的问题,通常被消灭在萌芽状态,幸福常驻你家。

方案B:我们拿股市来举例,这个问题就变成了你用股市的规则来公平解决股东们的问题。假设你以对家庭财务贡献的大小为标准向孩子们分配股份,你的孩子们抗议说,联邦劳动法禁止他们工作,于是你让他们完成一些家庭杂务来代替作为对家庭的贡献。在就打扫房间和洗碗应付何种报酬进行激烈讨价还价之后,你召开股东大会以便让所有人畅所欲言。最后,各方承诺遵守最后表决结果直至下一次股东大会召开之前,而下次大会召开的时间将在3个月之后(按照公司章程)或者根据情况而定。

方案C:你粗暴地给孩子们套上睡衣,然后将他们抱到床上,你觉得跟这些熊孩子没法沟通,压根儿你就没想过要沟通。孩子们对你的做法可能会以大哭和噘嘴抗议,但谁管这个?孩子们哭累了自然就老实了,第二天睁开眼他们就会忘掉前一天的睡前"战争"!

那么,你选择哪一个方案(当然情境是假设的!)?我知道你一般会选择 C，因为这是唯一一个看起来"正常"的选择。当然。可能你不会对你的年轻同事也这么干，我同样确信当你面对他们跟你的冲突时，你可能只是偶尔会产生不同程度的不信任和要开除他们的冲动。

　　但是，这已经足够说明问题了！

思维小测验 2：你对不同世代是否抱有成见？

　　假如你正在一家超市进行大采购，时间已经很晚了，超市只剩下一个人工结账通道和一个自助结账通道还在工作，碰巧你购买的很多商品都没有条形码，而你又懒得一一去查询价格。就在你推着满满的购物车排队结账时，你看到有个老先生排在你前面，他把食品放在输送带上傻傻地等着——你确信他没睡着，你还看到他从口袋里拿出支票本准备结账。你意识到这个可怜的老先生，他的思维仍然停留在1956年。这种情形之下，你准备怎么办？

　　方案 A：你站在老人后边耐心等候，因为你认为每个人都有自己的做事方法，别人无权干涉。就在这一刻，你不禁回忆起昔日青葱时代的美好，那时所有人都用支票购物。你感谢他让你想起了那么多美好的事情。等老先生结完账，你去帮老先生把货物放进汽车后备箱里，然后才回到超市结账。老先生向你表示感谢，这时候你心中充满着自豪感。

　　方案 B：你主动向老先生建议使用方便和实用的借记卡，而老先生表示担心银行卡的安全性，因为他最近听到不少人因为密码失窃而导致钱财损失的事情。听到老先生的担心之后，你请他改日共进午餐，告诉他银行会用用户签订协议，保证客户的钱是安全的，同时你给他看几篇有关银行借记卡安全的文章，进一步帮助他打消顾虑。接下来，你会向他介绍退休保障的理财规划，然后向他推荐一个值得信赖的理财专家。老人向你表示感谢，并且把他邻居的孙子介绍给你认识。

　　方案 C：你选择到自助通道结账，这样才能节省时间早点回家睡觉。说真的，为什么老年人动作这么慢？他们的日子所剩无几，为什么还不快节约点时间？总是这样，真是的！！！

这个测验的答案还是 C。在那样的情境下，我想你知道该怎么做。毕竟这样的情形想必你也会碰到。其实和上一个测验一样，这个情境也是我假设的。但是我敢肯定，因为工作的效率、方式和固执己见等，你同公司的年长同事发生过类似的不愉快。

简而言之，本书将帮你解决以下问题：

- 我们将首次证伪所谓的职场 4 世代模式，告诉大家一个更直观、更易理解的两世代模式。

- 你会知道你在职场的真正定位，如同我们对他人有习惯性定位一样。

- 接下来我们会讨论职场对每个世代的每一种成见，详细剖析每个世代群体的思维和行为方式，并告诉你怎样运用这些知识让你和他人和谐共事，以找到一些大家都能理解、认可的有效解决方法。

谢谢你选择这本书。我本人对如何有效解决职场不同世代员工管理的问题非常感兴趣，我将在本书中对我多年的观察和研究进行讨论。我们有时候喜欢把简单的问题复杂化，这么做很少产生最佳结果。因此，我个人希望读者能跳出这本书，去观察你身边的职场代际冲突，只有这样才能真正解决此类问题。

那还等什么呢！请打开这本书，我们一起来研究这个问题吧。

目　录

第二部分　玩转职场代际管理

第一部分

这个熟悉而又陌生的职场

第一章　揭开职场 4 个世代的面纱①

　　有关职场不同年龄群体的代沟话题，你一定听得耳朵都磨出茧子了。在亚马逊网上书店可以搜索到 1100 多本此类在售图书，在过去的二十多年里，此类书常出常新，差不多每周都会有一本新书上架，如果你对此感到无语，也是人之常情。现在，本书又把这一老生常谈的话题拿出来说，这似乎是一件挺没意思的事儿。

　　事实上，当我被要求来写作这本书的时候，准确来说也有一种要崩溃的感觉。在过去二十多年中，此类图书已经出版了 1100 多本，还有为数更多的研究论文发表。我不禁问自己：职场中不同世代的员工到底有没有差异？我还能提出问题解决的新花样吗？要想知道如何解决问题，不如先重新审视问题的来龙去脉。经过认真思考，我得出的结论是：**还不错，问题的解决似乎要比看上去容易很多**。职场中不同年代出生的人的确存在差异。诸位请看如下情景：

- 某个年代出生的人，其生命历程中曾经与一些胶片音乐相伴（曾经流行的大众音乐，而不是少数人喜欢怀旧的个性喜好）。看，

---

① 西方曾有人根据出生的年代和背景把社会人群分为战前世代（1946 年前出生）、"婴儿潮"世代（1946—1964 年出生）、X 世代（1965—1980）和 Y 世代（1980—2000 年出生），就像在中国有人把劳动者分为"70 后""80 后"和"90 后"等。在职场中，不同世代的员工存在价值观、思维方式、工作方式和沟通方式的明显差异，这给组织管理提出了新挑战。——译者注

如果这一点已勾起了你的回忆，那么，还没完呢！属于这个世代的你，可能也喝过有超标磷酸盐污染的饮用水，或戴过德比礼帽，或有过囤积煤油等经历。[①]

- 某个年代出生的人，也许从来没见过老式投币付费电话。他们中的一些人已经忘了英语有哪些元音和有关拼写的语法，虽然大家每天都在使用。

- 某个年代出生的人，是在不知网络为何物的环境中长大的。天啊！对现在的孩子来讲，没有网络相伴的童年世界简直是无法想象和暗无天日的。

- 某个年代出生的人，有些已经在使用假牙了。

- 某个年代出生的人，现在孩子已经在读小学了，虽然他本人直到高中甚至大学才知道认真学习。

- 某个年代出生的人，现在每天都在计算那点可怜的退休金。而另外一些年代出生的人却还不知退休金为何物，准确地说，是脑子里从未出现退休金的概念。

以上这些描述肯定会勾起某些人的回忆。同样可以肯定，对没有类似经历的某些人，这些现象可能令他们感到不可思议和难以理解。毫无疑问，人与人之间存在差异性。有人据此将职场中的人们看似精确地分成几个世代，但这其实站不住脚。这种划分的权威依据据说是这句找不到权威出处的话：

在人类社会发展过程中，第一次出现了 4 个不同世代的人合作共事。

各种新闻、图书、演讲或资讯图像在提及职场代际群体管理这一概

---

① 英国作为最早工业化的国家，历史上出现过严重的饮用水源污染问题，流经伦敦市区的河水都被工业废水严重污染；圆顶的德比礼帽曾经是英国绅士的标配服饰。这些都是对以前某个时代的一些社会现象的描述。——译者注

念时，往往都基于现实的多世代共存的职场情境。管理者常常有这样的困惑："到底怎么做，才能满足不同年龄员工的需要、动机、愿望、目标和诉求呢？用什么方法既能让所有人都满意，又能摆平他们彼此矛盾的诉求？"

面对职场中多个世代员工共存的复杂状况，你也许会说：记住，这不是你作为管理者造成的问题！这是那些所谓的"专家"对你喋喋不休的结果，他们总是说职场就是这般不正常、无法理解和令人头疼！他们通过把此类问题夸大其词，然后再向你兜售"解决方案"。记住，"专家"们正是以这样的模式来赚你的钱。

负责任地讲，我不是那种专门吓人的"专家"。当你的职业生涯中遇到类似问题的时候，本书会给你提供有益帮助。现在，管理职场中不同世代员工的问题很严峻，这种挑战并不是今天才有，其实在过去几个世纪的职场中，这种挑战就一直存在。

将职场员工分为 4 个世代的观点是不具有实际意义的，本章将对此详细说明并予以纠正。如果你想培养出忠诚、有奉献精神的员工，打造卓越的组织，那么把员工分为 4 个世代的管理模式将大错特错。如果将职场看作由多个世代的员工所组成的，管理效果反而会事倍功半。职场现实并不是 4 个世代的员工并存，这个观点是彻头彻尾的谎言，现在我们将一起揭穿其真面目。

代际差异问题的由来

严格来讲，所谓一个世代的人，是指从婴儿到长大成人并生儿育女的时间跨度。从过去来看，人们把一代人的时间长度定为 13—40 岁之间（这可不是建议你 13 岁就生儿育女）——不知道老一辈人是如何准确衡量一代人的时间跨度的，好像没人对此系统地研究过。我使用各种网络搜索工具搜索"代际差异"，发现根本查不到任何 20 世纪 60 年代之前的资料。

这意味着在人类社会发展的大部分时间里，代际差异问题根本不存在（或者无足轻重），或者被表达成为其他的形式（我们之后将详细讨论这一点）。

关于为什么最初职场被分为4个世代，人们常常这样解释："就是这个样子啊。"提及职场代际差异的原因，无非就是老生常谈的两点：历史的造就和现实的选择。我们不妨就此展开思路。独立战争对早年美国人而言是全面改变世界，如同第二次世界大战对战后美国"沉默一代"产生的影响；相对于20世纪60年代美国的"反文化运动"①和越南战争对"婴儿潮"世代的影响，早年法国和俄国革命产生的社会波动和变革更为明显；相对于互联网对现在的X世代和Y世代（以及我们中的其他人）的影响，印刷机作为一项伟大的技术进步，对15、16世纪的欧洲人的影响也不相上下。我们从以上早期社会发展中找不到和现在相似的代际管理问题，现在的世界并没有非常特别之处啊。我们的祖辈从未抱怨过管理不同世代劳动者如何麻烦，因此可以说，在当今这个时代，不也应该如此吗？

现代人的寿命比以前延长了许多（这归功于清洁的厕所、医药进步和抗菌皂这些值得现代人骄傲的东西），过去职场中几乎没出现过20岁的年轻人同40、60和80岁员工合作共事的情形，而现在这种情形已经很普遍了。例如，签署《美国独立宣言》的56个人中，年龄跨度为26岁（南卡罗来纳州的霍华德·拉特利奇）到70岁（宾夕法尼亚州的本杰明·富兰克林），其中20—29岁者有2位，30—39岁有17位，40—49岁者有21位，50—59岁者有8位，超过60岁者有6位。

---

① "反文化运动"是20世纪60年代发生在美国社会中的一系列抗议运动，既包括校园民主运动、妇女解放运动、黑人民权运动、反战和平运动、环境保护运动、同性恋者权利运动等方面的政治革命，也包括摇滚乐、性解放、嬉皮士文化及神秘主义和自我主义复苏等方面的文化革命。——译者注

以现在的标准衡量，这绝对算得上是多代人合作共事。这些人尽管来自五湖四海，背景各异，很多人既是企业主又是大作家，但没有人拿代际差异不好合作来说事儿。在工业革命开始前的 200 年里，没有任何一个工厂老板提及劳动者的代际差异对管理的影响。其实，代际员工管理的说法一直到 40 或 50 年前才出现。

那么，到底发生了什么事情，让职场代际员工管理问题被提上了日程呢？

答案就是，新的市场营销方式、方法的出现！这虽出乎意料，却也在情理之中。在过去的几十年里，一些"专家"经过"缜密"思考，针对劳动者代际差异提出了一套超级复杂和详细的理论，这样他们就可以以图书、咨询和服务等形式，推销所谓的"职场代际员工管理解决方案"来大把大把地赚钱。[①]因此，所谓的职场劳动者"代际差异"是一个伪命题！这个提法是一种市场逐利行为的结果。接下来我将会对此进行剖析。

"多世代"概念是如何产生的？

随着工业革命不断向前推进，企业主们很快地发现他们需要找到更多的市场来销售他们的产品和服务。如果能够打开更多的新市场，就意味着他们可以销售更多的产品和服务。于是他们雇用了专职的推销员，到处开发新兴市场。

必须承认，这些家伙的工作做得非常成功。

---

① 顺便说一句，你也许会对我的人品产生怀疑——毕竟本书也是关于劳动者代际差异的。我向你们保证，写作这本书的初衷是想把这个问题正本清源，而非浑水摸鱼。我想让这本书成为此问题研究的最后结论。希望读完此书后，一切有关的争议和混乱都将停止，揭穿这个因一己私利而人为炒作出来的相关商业概念的本质，这是我真正的想法。

- 芝加哥恩肖针织公司（Earnshaw Knitting）总裁乔治·弗雷德里克·恩肖（George Frederick Earnshaw），在1917年创办了童装行业第一本商业杂志，设置了婴儿专栏事业部，目的是瞄准婴儿客户群体这个细分市场，帮助服装商们提升销量。这是一个之前被忽视，或者认识不清的消费市场。

- 大约在1936年前后，"幼儿"（toddler）这个新词汇出现在商品营销方案中，企业将其作为区分于"婴儿"和"儿童"消费群体的一个新营销对象——仍然是作为销售更多服装的一种方式。

- 1997年，市场上出版了一本《孩子们买什么衣服：儿童客户的营销心理学》（*What Kids Buy: The Psychology of Marketing to Children*），书中把儿童和青少年这两大人口群体做了细致的区分。至此，一块新兴市场被开辟出来了。（"幼儿"这个词最早见于英国著名作家J.R.R.托尔金创作的奇幻小说《霍比特人》——可不可以说现实中的这个词也是被凭空"制造"出来的呢？）

在过去的大约100年里，相关研究把人的一生划分成3个阶段，即婴儿期、少儿期和成人期。但现在的研究打破了原来的结论，重新划分如下：

- 婴儿期：0—12个月（或24个月）；

- 幼儿期：1—3岁（美国疾病控制中心的标准）；

- 儿童期：3—10岁；

- 少儿期：8—12岁，也有人说是10—12岁；

- 少年期：13—15岁；

- 青春期：一般认为是13—19岁，参加美国小姐评选的标准定为16—18岁，也有其他不同的解释；

- 青壮年期：10—20岁，或者12—18岁，又或者说14—21岁，甚至著名心理学家埃瑞克·埃里克森在其人格形成理论中将其定义为20—40岁。

也就是说，可以把人的生命历程划分为 8 个阶段。如果完全按照埃里克森的观点，这种划分尚未完全摆脱学院派理论的影响，如果把成年之后的阶段继续划分，还有求职就业期、婚恋期、中年期、退休期、老年期等 15 个阶段呢！难道现在的生活方式比 100 年前要复杂数倍吗？我们把人群细分为更多更小的群体，不就是出于商业开发的考虑，为了更容易迎合特定人群的具体需求，从而提供更有针对性的产品和服务营销吗？

我们举一个音乐领域的案例。根据音乐流派分类，摇滚乐至少有 23 种类型（迷魂摇滚、另类摇滚、美国传统摇滚乐、舞台摇滚、蓝调摇滚、英国入侵、重金属、死亡金属、轻金属、哥特金属、魅惑摇滚、硬摇滚、噪音摇滚、前卫摇滚、爵士乐摇滚、迷幻摇滚、摇滚乐、乡村摇滚乐、根源摇滚、原创摇滚、南方摇滚、冲浪摇滚和得克萨斯摇滚）。我不知道多少人能够说清魅惑摇滚与轻金属摇滚的区别，当然会有一些音乐发烧友能够很快说出一些重要的区分特征。

这还不算什么，我还没告诉你乡村音乐有 12 种类型，舞曲有 16 种风格，电子音乐有 14 种口味，还有就是另类摇滚有很难区分的 9 种不同的曲风。对此，达菲特博士给英国《卫报》写了一篇文章，评论西蒙·罗纳兹对流行独立音乐所做的分析，他说得很好："现在的流行音乐评论，好像是在实验室里面解剖每一首乐曲，以满足和影响众多狂热的音乐消费者的病态需求。"

商业活动把市场切分得越来越细，使得营销越来越容易实施，但是，这给我们的生活带来了各种不便。以服装为例，我们去商场和网上购物时，可以非常清楚地知道在哪里可以找到所要购买的东西，这确实给我们带来了很大的便利。但与此同时，爸爸妈妈们遇到了尴尬，他们突然不知道该怎么定位自己的孩子。在给孩子买衣服的时候，反而是商场告诉他们，孩子属于哪一个成长阶段。这不再是便利，而是麻烦了。当年爸爸妈妈们生养孩子的时候，根本想不到现在市场会把孩子的产品分得这么细。现在的孩子与 20 世纪 40 年代和 70 年代的孩子相比发生了天大的变化吗？抑或是事情本来就不该这么复杂？这是我们需要反思的。

代际管理是个什么梗？

企业把消费者细分，以便更好地满足客户购买需求，我对这种做法没有任何异议。就像一家公司了解到它生产的一款照相机受到23—27岁爱尔兰男性消费者的欢迎，就特别推出专门广告去吸引这部分客户，这无可厚非。同样，一个乐队定位自己是"冷电音乡村蒸汽朋克"风格，并以此向他们的粉丝宣传，从市场宣传推广的角度，这么做也是正确的。

但是，人毕竟不是商品，而职场代际管理关注的是人和人的关系，所以这与商品营销管理不能一概而论。让人感觉悲哀的是，商品市场因为考虑市场推广因素，把社会消费者群体切分得越来越细，以至于对人们的生活产生了各种负面影响。

"婴儿潮"世代这个说法的本意并不是给某一代人贴标签，仅是想表明他们是第二次世界大战之后大量集中出生的一代。实际上，直到20世纪70年代，这个说法才正式流行。人们开始逐渐相信，每一代人都会与他们出生前后上下两代人有着根本性差异。

同样的道理，把社会人群划分成传统世代、"婴儿潮"世代、X世代和Y世代，也是在迎合同样的思维方式。但是，分得越多越细，反而越会把我们真正想了解的东西搞模糊。

有人曾设计了几个非常有趣的实验来研究这种现象，并称之为"选择困难症"，大概的意思是，面对的选项越多，我们做出选择就越困难，后续的行动就越可能无所作为。1995年研究者设计了一个叫作"果酱"研究的经典实验，研究者在百货商店的一个样品展示柜台上摆放了多个品种的果酱，之后的几个小时中，他们将果酱品种从6种，逐步增加到24种。从观察的结果来看，不管展示柜上放置的数量如何变化，但顾客们实际购买的只有其中的两种而已。展示样品较多的时候，确实会有更多消费者驻足（多样品展示的时候会吸引 60% 的顾客，少样品展示的时候只能吸引 40% 的消费者），但是，购物反而减少（只有 3% 的顾客产生了购买行为，而少量样品展示的时候有 30% 的消费者产生了购买行为）。在改变实验对象和其他实验参数之后，所做的实验均得出了同样的结论：选项越多，做出选择越难。

所谓职场代际划分的由来大抵如此。把职场分为看似清晰的 4 个世代，每个群体的情境描述得的确很清楚，但却给职场管理带来了难题——几乎每个人都曾因不知如何与不同世代的同事合作共事而挠头，那种感觉就像是面对一个过于复杂而似乎无解的高等数学难题一样。

然而，真的走进死胡同了吗？当然不是！我们只需回到问题的原点，换一种更简单直接的思维方式，一种人们直到几十年之前仍擅长的有效方式，来重新思考这个问题。

别急，在答案揭晓前，我们不妨先重新回顾并梳理关于职场 4 个世代的说法。

职场中的 4 个世代

以下是对所谓职场 4 个世代的简要介绍，我做了一些轻微的改动，目的是在不改变原意的前提下增加一点趣味性。

第一个世代：传统世代（1922—1946 年）

所谓传统一代，有时也被称为"成熟一代""老兵一代""二战一代"，或者"沉默的一代"。不管你怎么称呼他们，他们出生于 1922—1946 年，因此，这就可以解释，为什么他们能够嘲笑那些对国家经济喋喋不休抱怨的人。

这一代人最喜欢威士忌和鳕鱼肝油这两种东西，他们之中仍然有很多人注重养生保健，认为药物不是万能的，如果你告诉他们吃沙子有助于肠胃健康，他们也会毫不犹豫地去做；这一代人是忠诚的一代，是遵规守纪的一代。他们最喜欢的休闲方式是聚在一起，抱怨各种引发身体不适的疾病（通常是吃了太多"沙子"造成的）。当看到孩子们踩踏公共草坪的时候，他们会大声制止——尽管这代人多是住在公寓房里，草坪并不是自己家的。当这种行为得不到理解时，他们就只能回家对电视机大喊大叫了。他们开车的速度通常比较慢，在转弯之前会把速度降到每小时 7 公里，转弯之后也才会把速度提到每小时 32 公里。假设你在美国的州际公路上驾车行驶，这时由于交通管制只剩下一条车道可以通行，很不幸前车司机是一位讲究规矩的传统世代，那么你就惨了，你所能做的就是老老实实"龟速"行驶了。传统世代的生活每天都很规律，他们 8 点就上床睡觉，他们有每天喝茶的习惯，茶杯的茶锈在逐年增长。但是，不要因此就觉得他们是"老古板"，他们还都认为每顿午餐前喝上 3 杯马丁尼酒是个好主意呢。千万别低估他们，要是论喝酒的话，你们 3 个人加在一起也不如他们 1 个。

第二个世代："婴儿潮"世代（1947—1964 年）

我个人喜欢把"婴儿潮"一代叫作"邋遢的嬉皮士"，他们出生在1947—1964 年，这一代人喜欢的颜色既不是上一代喜欢的黑白，也不是下一代喜欢的五颜六色。一般认为这一代人工作目标明确，甚至是工作狂。但在这点上总让人有一些想不通，因为这些家伙在大学时多数都懒得经常洗澡以保持个人卫生。

该怎么评价这一代人呢？这是蔑视权威的一代人，这也许意味着这一代人不适合担任承担责任的领导者。这一代人给人的突出印象就是花钱大手大脚，以及夸张的言行。"50 岁是又一个 30 岁！"除非你真的想活到 134 岁，否则没人愿意相信这鬼话。这代人发明了迪斯科，这是个让人讨厌的东西！这代人最大的"成就"是"创造"了 X 世代和 Y 世代，尽管他们对此不以为然。

第三个世代：X 世代（1965—1980 年）

如前所述，放荡不羁的的"婴儿潮"世代生育了 X 世代。之所以这么称呼他们，是源于 20 世纪 70 年中期之后逐渐形成的一种约定俗成。我本人就属于这一代，我们有一个响亮的花名，叫作"懒鬼一代"，不过个人以为，这个用来称呼我们的下一代更合适。我们这一代与父辈最大的区别就是忧郁，不过不是病态的那种，只不过是做人做事时有点情绪化而已。我们的人生格言是，"如果你给我最灿烂的微笑，我们只能给你看我们的无所谓"。同父辈比，我们通常表现得不是那么一本正经，我们对权威不会表示出足够的敬畏，我想这也是美国精神的基本原则之一。人们通常说我们是有主见、行动力强的的一代。众所周知，对于 20 世纪 80 年代的社会潮流和流行风尚，这完全是我们这一代的功劳。"我们地盘我们做主"，我们是特立独行的一代。有人说我们这代人应该为天上的臭氧层空洞负责任，因为我们的生活方式耗费了太多的环境资源。比如，我们认为花钱做一个爆炸头发型比被太阳晒伤重要得多。包括我们的朋友和家庭在内，X 世代认为他们是有史以来不会被这个世界所理解的一代。别人越是不理解我们，我们就表现得越冷漠。X 世代在这样的情形之下竟然能长大成人，除了那些犬儒主义者的解释有点道理外，否则真的找不到合理的解释。哦，说得有点过了，我们这代人并不是一无是处的，毕竟我们这一代人还创造了现在仍然流行的说唱音乐。

第四个世代：Y 世代（1981 年至今）

Y 世代虽然年轻，但不容小觑。与其他 3 个世代相比，这一代人的数量是最多的，他们比"婴儿潮"世代略多一点，大约是 X 世代的两倍。之所以称呼他们为 Y 世代，是因为给其命名的人是如此之懒，竟然没有发现在字母表里，X 并不是第一个字母。这一代人也被称为"千禧一代"——这可能是因为他们出生于世纪之交的前后一二十年吧！算起来，这一代人当中的男孩子，已经到了长胡须的年龄。由于需要面对高昂的教育费用，他们宁愿被诊断为多动症，这样就有理由拿到治疗药物然后偷偷卖掉来交学费，帮助自己完成学业。与上一代人相比，这一代人对于外部经济和社会的快速发展习以为常，因为他们本身就生长在这样的时代之中！第一，他们熟练使用数字影视设备，根本不会有老一代人使用胶片设备浪费胶片的担心。第二，他们熟悉数字多媒体技术，无法理解上一代人曾煞费苦心地用录音机录制磁带向爱人示爱的辛苦。第三，也是最重要的一点，他们会随时随地停车用智能手机刷屏收发短信和微信，作为"低头族"，这种生活方式对于他们比什么都重要。

以上是我们对职场 4 个世代的个人认识，即传统世代、婴儿潮世代、X 世代和 Y 世代，这也是最权威的版本。

其实，"4 个世代"从一开始出现，就注定了是一个错误！

职场 4 个世代说法质疑

4 个世代的说法流传了这么久，这更使其听上去是"很有道理的"。有人说，职场中不同群体差异确实蛮明显的。没错！人和人确实有差异。我想说的是，对差异的解释要避免复杂化，把人们按照出生年代分成 4 个大类，搞得这么复杂就没有必要了，理由如下：

第一，关于判断谁属于哪一世代，很难找到一个公认的标准。比如传统世代的界定标准就众说纷纭，出生区间始于 1909—1925 年，终于 1940—1946 年。"婴儿潮"世代的出生区间始于 1940—1947 年，终于 1960—1964 年。Y 世代定义为从 1980 年到现在出生的人，或者是 1979 年至 20 世纪 90 年代中期出生的一个更小的群体，这是因为还有人把 20 世纪 90 年代中期到现在出生的一代人命名为"Z 世代"！

仅就 X 世代的群体界定来说，也是七嘴八舌，说法不一。

- X 世代其实应该是美国的第 10 代公民了（这种说法当然站不住脚）。

- X 世代是知名摄影师罗伯特·卡帕（Robert Capa）用来描述 20 世纪 50 年代的拍摄对象的（这意味着他实际上拍摄的是第二次世界大战后的传统一代以及他们"婴儿潮"世代的孩子们）。

- X 世代来源于知名作家简·戴沃森（Jane Deverson）和查尔斯·汉布里特（Charles Hamblett）1965 年出版的《X 世代》。

- 20 世纪 70 年代末期，有一个朋克乐队名字叫 X 世代，里边有个明星叫比利·爱多尔（Billy Idol），这事儿道格拉斯·库普兰德（Douglas Coupland）在 1991 年出版的《X 一代》中也提到过。

从以上内容可以看出，X 世代这个说法跟第二次世界大战老兵、英国嬉皮士、比利·爱多尔等人都有点关系。现在有关 X 世代的界定，也仅仅是依据出生时间始于 20 世纪 60 年代，而结束的时间点，又有 1975 年、1980 年、1981 年和 1982 年等各种说法。

所以，对职场中不同世代界定的观点各异，并不完全一致。**关于职场"世代"说法的存在的第一个质疑，就是在无法达成统一标准的前提下，对于处于各个世代"边缘"地带的人，该如何确定其归属？**

也就是说，最初用 4 个世代划分职场的代际群体，并不是非常必要，可能只是为了方便区分，而随意取了一个名字而已。就像当年美利坚合众国的独立，从想法产生到独立战争的爆发，并非是 1776 年某一天凭空出世。我们把这一年作为美国肇始的标志，不过是用以纪念从十几块英属殖民地到创建成一个独立国家的几十年奋斗历程而已。同样的道理，人们以某些年代来划分不同的职场群体，也只是便于描述而已。

所以，对职场代际群体的不科学的划分直接导致了第二个更严重的问题：如果我们把职场分为 4 个世代，是为了能更好地了解和定位自己、能更好地与他人合作共事。事实恰恰相反！由于为了明确不同世代的差异，研究"专家"们专门列出了长长的差异清单，以尽可能做出准确区分，这些清单罗列得如此之多、如此细致，简直令人叹为观止！如果你也看到过这些东西（这些资料接下来会呈现给你——说句真心话，看这些等同浪费时间），你会发现清单描述得很清晰，条目之间一般没有重复和交叉，即使个别地方有最低程度上的重叠，也是为了保证对每个世代的描述能与其他明显区别开来。这导致的效果就是，所谓职场4个世代被语言文字精确地呈现，经过编写者的修饰加工，使我们还真觉得像是那么回事儿。即便如此，不同代际群体的界限也做不到绝对清晰，所以总有相当多的一些人不知该把自己归于"哪一堆儿"，最后只能依据年龄简单机械地寻找自己的"归宿"。

通过阅读现有资料和参加相关管理培训，你肯定了解了很多有关职场不同代际群体管理的知识，那些书的作者和主编肯定不止一次地告诉过你，这是人类社会有史以来，在职场中第一次出现了4个不同世代员工共事的情形，他们还会煞有其事地列出一大堆不同世代的特征差异。如果你正被如何管理职场代际群体的问题所困扰的话，他们这么做会让你感觉终于找到了一根救命稻草。接下来，他们会告诉你对付各种世代员工的招数。我敢保证，那些作者和培训师真的不是骗子，他们是真心想帮你，他们也确实相信自己说的是对的，然后你也确实想把这些方法付诸管理实践。这一切看上去无懈可击！

但事实并非如此——由于他们刻画4个世代特征的清单内容过于复杂，必然导致好心的建议和方法并不能真正解决实际问题。

我们拿其中一张清单列表来看看（见表1-1），其中汇集了类似资料的"精粹"，你很可能看过类似的资料。但是，我真心希望你并没有仔细读过它们，为什么呢？我之所以把它放在这里，仅仅是帮你回忆职场4个世代是什么样子而已。接下来，我来告诉你为什么我说希望你并没有看到过它们，你会明白我的良苦用心。如果你非要看这张表的话，好吧，我承认我做了一点必要的修饰，但也只是为了让它更有趣一点。

表 1-1　职场 4 个世代的特征

	传统世代	"婴儿潮"世代	X 世代	Y 世代
出生时间	1922—1946 年	1947—1964 年	1965—1980 年	1980 年至今
代表人物	查理·卓别林	雪儿	杰夫·海文斯	艾什顿·库彻
人口数量	4000 万	7500 万	3500 万—4000 万	7500 万—10000 万
经历的大事件	·经济大萧条 ·第二次世界大战 ·一大堆其他伤心事	·公民权利运动 ·越南战争 ·冷战 ·人类登月（有人认为这是一个阴谋）	·双职工家庭 ·单亲家庭 ·冷战结束 ·祖父母不苛求他们像父母一样获得财务自由	·数字媒体 ·互联网 ·移动终端
核心价值观	·规则追随者 ·随机应变 ·牺牲和奉献 ·纪律性 ·吃苦在前，享乐在后 ·努力工作 ·忠诚 ·责任感	·权利平等 ·机会均等 ·自我满足 ·个人成长 ·今朝有酒今朝醉 ·团队精神	·包容多样性 ·创业精神 ·独立 ·不拘一格 ·实用主义 ·自负 ·愤世嫉俗，玩世不恭	·自高自大 ·玩！ ·忍耐 ·社会交往 ·精明 ·混社会（尽管这一代人多数喜欢宅在家里）
群体特征	·对雇主承诺 ·花钱保守 ·道德保守 ·组织性强 ·职业道德至上 ·工作任务导向 ·勤俭节约 ·容易信任别人	·雄心勃勃 ·挑战权威 ·喜欢竞争 ·喜好购物 ·为工作而活着 ·对事业和雇主忠诚（这似乎和挑战权威相矛盾） ·追求政治正确 ·愿意承担责任	·适应性强 ·情绪化 ·机智灵活 ·追求结果导向 ·喜欢自由职业 ·结果驱动 ·做事主动 ·强烈的权利意识 ·为生活而工作	·离不开技术，离不开父母 ·文化多元化 ·"无电脑，毋宁死" ·比上一代人权利意识更强 ·全球思维 ·爷爷奶奶和爸爸妈妈的小宝贝儿 ·富有创新精神 ·"科技控" ·对朋友忠诚 ·接受新生事物快 ·自恋

（续表）

	传统世代	"婴儿潮"世代	X 世代	Y 世代
教育观	·受教育是梦想	·受教育是天赋人权	·受教育是必需品	·受教育有机会成本
金钱观	·攒钱以备不时之需 ·现金支付 ·精打细算	·今天花明天的钱	·小心谨慎 ·保守	·赚钱就是为了花掉的
职业伦理	·奉献 ·工作就是向上帝赎罪 ·努力工作 ·公司第一，个人第二	·发奋图强 ·努力工作以证明自身价值 ·品质第一	·注重平衡 ·巧干而非苦干 ·一切靠自己 ·重视工作的结构和方向	·雄心勃勃 ·随时准备跳槽去找下家 ·能一心多用 ·喜欢创业
技术观	·学习和适应	·学习和提高	·消化和吸收	·整合利用
对尊重权威的看法	·权威来自于资历	·年轻时质疑权威，自己掌权后接受	·对权威无敬畏感 ·不轻易相信权威	·必要时会寻求权威帮助
工作时间观	·上班打卡 ·工作时间好好干工作	·工作狂 ·发明了每周50小时工作制（19世纪的农民、煤矿工人、工厂工人、铁路工人） ·关键是加班要让领导看见	·项目导向 ·为了钱工作	·下午五点准时下班 ·工作是件苦差事
职业与家庭的平衡	·"职业与家庭平衡"是个什么鬼东西？	·玩命工作，然后购买也许永远抽不出时间去使用的度假别墅——因此这一代人的职业与家庭的平衡永不可能！	·永远注重职业和家庭的完美平衡！	·弹性工作、工作轮换、带薪休假

（续表）

	传统世代	"婴儿潮"世代	X世代	Y世代
工作氛围	·等级分明 ·下级服从上级	·民主 ·工作机会均等	·有效性 ·有效率 ·弹性 ·不拘礼法	·重合作 ·重创造 ·积极 ·多样性
认为工作是……	·一种责任 ·伴随一生的职业生涯	·一趟令人兴奋的探险之旅	·艰难的挑战之旅 ·工作就是工作！	·可能真的很难！
带给职场的影响	·丰富的经验 ·对后辈的帮传带 ·纪律性 ·可靠 ·工作细致 ·稳定	·挑战现状 ·有大局观 ·具有团队合作意识 ·有使命感 ·主动奉献	·对变革的适应性 ·坦率沟通 ·果断 ·好的任务管理者 ·良好的教育 ·可同时承担多项工作	·重视精神感受 ·重视团结协作 ·快速工作的作风 ·乐观主义
工作中显现的主要问题	·不适应变革 ·等级分明的刻板管理让同事不舒服 ·通常回避或避免冲突 ·以非黑即白的标准看问题	·希望每个人都是工作狂 ·不喜欢变化 ·武断 ·不善理财 ·自我中心主义	·让人无奈的"愤青" ·过于抗拒权威而走弯路 ·缺乏耐性 ·缺乏自理能力 ·不喜欢规则的约束	·不愿意干脏活、粗活、累活 ·欠缺熟练的工作技能 ·工作离不开监督 ·常有不合理的期望值 ·比上一代人更缺乏耐性！

（续表）

	传统世代	"婴儿潮"世代	X 世代	Y 世代
同这些家伙合作共事需要注意的地方	·不要期望工作能轻松愉快 ·需要事先熟悉工作流程 ·需要一个纪律严明的工作环境 ·需要关注这些家伙的感受 ·这些家伙欣赏有情趣的人	·这些家伙认为自己的想法很重要！ ·因为他们是以自己的职业定义自己的，所以承认他们的工作往往很重要 ·很容易因为成长不明显的例行工作而气恼 ·这些家伙需要事先知道工作的意义和价值，能产生何种影响和后果 ·倾向于团队协作 ·能迅速反应，马上行动 ·不太接受外界批评	·在职场中渴望独立自主和宽容的工作环境 ·喜欢弹性的工作，以便有时间找寻其他的生活乐趣 ·希望工作充满乐趣 ·想学到最新的技术	·愿意和聪明、有创意的人共事 ·这些家伙愿意他人关注自己的个人目标 ·愿意和好朋友一起工作（这些人是不是聪明就无所谓了） ·事先需要向这些家伙说清楚工作的来龙去脉 ·喜欢工作内容的多样性 ·需要指导他们的工作和生活 ·干工作总是自以为是
权威观	·值得尊重	·值得重视	·他是他，我是我	·不关我事
工作沟通方式	·一对一 ·写备忘 ·隆重推出自己 ·尊重对方的年龄和资历 ·咬文嚼字，务求准确 ·说话严谨	·"有事儿您说话！" ·直接、坦率 ·关注身体语言 ·双向深入交流 ·共同决策 ·直呼其名 ·强调公司使命和愿景	·"下班后别找我" ·喜欢用 E-mail ·就事论事 ·以牙还牙 ·正式的沟通风格 ·别婆婆妈妈！ ·不喜欢用行话和专业术语 ·开门见山，直入主题	·"请发短信给我" ·"有图有真相" ·"除了发短信和传图片之外，电话还有其他功能吗？" ·使用正能量、能激励人的话 ·直接说怎么做 ·要有趣儿

（续表）

	传统世代	"婴儿潮"世代	X 世代	Y 世代
关于反馈和奖励	·没有消息是最好的消息 ·领导满意就是对工作最好的奖励 ·更喜欢对个人认可而非大张旗鼓公开表扬	·喜欢金钱奖励并被公开宣扬 ·喜欢被口头表扬 ·被公开表扬 ·最好被贴在墙上公开表扬	·更喜欢休假奖励 ·喜欢对工作的经常性反馈 ·建设性反馈更有效 ·需要指导和教练 ·喜欢不干涉的监督方式	·需要经常性的反馈 ·要给予明确目标和期望 ·需要经常性沟通 ·期望被认可 ·喜欢弹性，居家办公等有创造性的工作方式
怎么激励他们	·"你的资历让人肃然起敬"	·"你不简单" ·"我们需要你"	·"听你的！" ·"你说了算！"	·"这地儿挺好玩的" ·"你将和一群'牛人'一块工作"
如何领导他们	·致力于建立长期承诺 ·提供稳定、安全、和谐的环境 ·共同制定工作规则 ·了解并满足他们的需求 ·向他们的资历致敬 ·一定不要说他们"冥顽不化"	·承认他们是"负责任的一代" ·教他们如何做到"职家平衡" ·让这些家伙们知道你可以帮他们 ·新工作开始之前，预评估工作的舒适水平，以确定采取何种激励方式 ·强调这些家伙的想法很棒 ·要跟踪、检查	·提供舒适的工作环境 ·轻松活泼一点 ·充分授权，少干预 ·向其倾听和学习 ·让这些家伙知道你们是合作关系，不是上下级关系 ·欣赏和尊重对方的生活方式 ·提供学习和发展的机会 ·提供学习新生事物的机会 ·做好随时接受他们质疑的准备 ·让他们知道你只是个信息提供者而非老板	·鼓励不断探索和创新 ·认可其个人价值 ·接纳并培养 ·对其设置新挑战 ·提供个性化的工作计划 ·尊重其工作决策 ·接受其引荐的人选

（续表）

	传统世代	"婴儿潮"世代	X世代	Y世代
对培训和个人发展的态度	·培训有助于实现组织目标	·培训有益于组织发展和个人提升，同时也是福利	·培训能提升跳槽资本 ·不会提高对公司的忠诚度	·愿意并渴望冒这个风险 ·很好的学习机会
对退休的看法	·辛苦付出30年之后，靠退休金和储蓄颐养天年	·退休之后还有什么意思！ ·积蓄不多，还要兼职挣点外快才行	·期待退休 ·希望有新的人生和事业	·开发一个非常火的App赚够足多的钱，然后32岁就退休 ·有不切实际的想象

在我看来，这些表格毫无用处。

如果将其应用于管理实践，就需要将所有员工与表中项目逐项一一对照，分析他们的工作、生活表现，以及二者之间的关系，然后找出有针对性的管理方法，以满足不同员工的个性需求——哪个管理者能完全做到？表格的内容如此繁琐，我不知道哪个职业经理人能有时间和精力将其付诸实践！即便有人能做到，还有一个更现实的问题：**既然不同世代的员工差别如此明显，那么，亲爱的，请你告诉我，对于那些与我们年龄相差不太大的员工，又该使用什么样的管理方法和管理技巧？**

所以，仅以年龄为标准来区分职场代际群体，以实现对多样化职场的有效管理，这种思路看似简单，实则把问题复杂化了。

马修的故事：如何管理职场4个世代

32岁的马修在某大型金融服务公司就职，由于年纪轻轻就当了经理，一些下属年龄比他大，还有更多人比他年龄小，这样马修在同龄人中有点鹤立鸡群。因此，马修亲身经历过与职场4个世代打交道的麻烦事儿。以下是马修个人的体会：

我们公司正处于发展阶段，业务即将扩展进入大都市。公司的一名业务经理属于"婴儿潮"世代，他花费大量的时间推动建立适应公司发展新形势的企业文化。公司的管理团队成员来自于四面八方，且都有丰富的经验，而公司的其他大部分同事，都是职场小白，对大部分人而言，这是他们人生的第一份工作。

在探讨建立何种企业文化的过程中，我们用了几周时间讨论选择何种职业装。公司的头儿认为，必须建立以"职业化"为核心的企业文化，否则就不可能有一流的工作质量，多数人都表示认同，但也有人认为对于那些不与客户直接接触的岗位，可以适当降低些标准。"婴儿潮"和 X 世代的员工已经习惯了穿商务便装，而管理团队中一些年长的同事则对公司的此项规定感到很沮丧和不理解——20 年前哪有这些规定！他们认为公司仅一味迎合那些"千禧一代"的年轻人，此项规定是不必要的。公司管理层有个"千禧一代"的年轻人，他认为公司的新规其实是迎合"婴儿潮"世代和 X 世代。最后，公司通过了关于职业装的制度，在准备实行后，公司召开了大量的会议以便将这项规定传达到公司各地的分公司。

一段时间以后，公司的一位同事传来一张照片，是他在工作中拍摄的公司所做的广告牌，画面表达的是即便在交通繁忙的州际公路上，我们公司的服务也能快速到达并及时满足客户需求。画面上是代表公司形象的一名穿着无袖职业装的女士，然而她整条胳膊上满满的刺青煞是扎眼——真够搞笑的，这就是公司想要向客户传递的形象？显然，广告效果简直事与愿违。

显然，公司总部之前审查这则广告时曾有过类似的担心，但却最终让其通过。公司被迫紧急做出调整，之前提到的那个公司领导也迅速改变了初衷。公司以最快的速度在第二天就将职业装更换为牛仔工作服。他后来还告诉我，他以前从来不穿这类衣服，家里根本找不出一件，为此他不得不现买两套。

按照以上逻辑，对职场代际群体的管理多是复杂且无效的，是时候改变这种错误的思考方式了。就像前面提到的穿什么职业装的问题，简简单单就事论事就可以解决了。本书献给那些对现在职场代际群体差异争吵感到厌倦的人士，献给那些相信这个问题并非像之前那么难以解决的人们，献给那些认为职场中的我们相同之处多过差异的人们。

那么，让我们对4个世代的模式说再见吧。也许我还会提到"婴儿潮"世代和X世代这些说法，但也只是为了在把4个世代重组为"我们—他们"的新模式时表述起来更方便。你如果认为推翻这个已经有几十年历史的说法有些鲁莽和自大，好吧，这么想也是人之常情。

说句老实话，"我们"和"他们"这个两大群体模式的说法并非我的首创！

第二章 "我们—他们"模式

不知道你是否观看过 3 人制壁球比赛，那种非常混乱的场面让人过目难忘。2 人制壁球则完全不同，两个球员轮流击球，循环往复，直到有人得分为止。在 3 人制情况下，发球的队员 A 要同时对抗另外两个人 B 和 C；而当 A 和 B 对抗时，A 和 C 又结成联盟，当然，也可能是 A 和 B 结盟对抗 C。因为一个人要和另外两个人对抗，所以得分难度很大。不难想象，3 人制壁球比赛时间一般比 2 人制要长得多。如果你在 3 人制壁球比赛的中间加入进来，你可能在短时间内都搞不清是谁和谁在对抗。

体育比赛给了我某种启发：这个社会存在很多单个个体同其他众多对手竞争的比赛，诸如壁球、田径类、赛车类比赛等，但是，还没发现有一支队伍同时跟其他多支队伍同时竞争的比赛形式。在体育比赛中，单个的个体如果能更快速一点，更强壮一点，技能更娴熟一点，就可以做到在比赛中击败所有的对手。体操比赛就是如此，一个体操队可以做到击败所有的竞争对手，但他们并不是彼此一一捉对厮杀，而是每支队伍各自表现出自己最好的成绩就可以，并非彼此相互影响对方成绩。同样的道理，橄榄球比赛如果设置 3 个到达阵端区，每个进攻方可以在 2 个不同的端区得分，但是每支队伍将不得不突破两个防守组才能得分，那么这种比赛会变得多么复杂！肯定是没法玩儿了。你能想象在同一个球场上，有 3 支球队同时进行的篮球比赛吗？如果有的话，比赛最终可能以 3∶1 的比分结束，球员们可能在 25 岁时就被迫退休，因为这样比赛会让球员不是累死就是被折磨死。

你知道人类为什么没有发明上述的奇葩比赛形式吗？肯定不是因为我们的脑子不够聪明。人类已经造出了旋转摩天楼①，那这点雕虫小技又算什么！人们共发现了 943 种不同的芥末，其中适合人类食用的有 65种；人们还经过各种尝试创造出一种叫火鸭的东西（就是先把一只小鸡塞进一只鸭子的肚子中，然后再把它们一起塞进一只火鸡的肚子——是不是想起了俄罗斯套娃？），这样就可以在感恩节当天一次吃到多种肉。人类是不是够聪明？如果可以，人类发明 3 支、4 支，甚至 12 支球队同场竞争的比赛都没有任何问题。当然，设计出比赛需要的规则，建造出需要的比赛场地和运动场馆也都是小菜--碟儿，唯一需要担心的是这种比赛一旦进行，会复杂得难以想象，以至于根本没办法完成比赛。

这种比赛过去没有，将来也不会有，恐怕只有傻瓜才会干吧！原因很简单，这不符合事物发展的基本规律。在人类历史长河中，发明的所有比赛和竞赛，在同场竞技时从来没超过两个主体，从来没有！人类在研究和思考各种比赛时概莫能外。

你怎么看？

看了这些你会问：啰里八嗦扯这么多，你到底想说什么？其实我真正想说的是：现在划分职场代际群体的方法也是违反基本规律的。道理很简单，按照之前的那种分法，在职场中你需要同时应对其他 3 方，这样的结果是你不晕才怪呢！4 个世代不只把简单问题复杂化，也违背了

---

① 意大利设计师大卫·费希尔设计并制造了高 420 米的摩天大楼，可以每时每刻不停地旋转，外部造型不断变幻，被称为"旋转摩天楼"，它能够利用风能和太阳能获取电能以实现每隔 90 分钟旋转 360 度。——译者注

人性的基本规律。

如果你觉得我的观点有些绝对，那么请想想，一年也不过分成四季，上帝将我们的身体创造成左右对称，每一种器官最多出现不超过 2 次：2 只眼睛、2 个耳朵、2 只手、2 条腿、2 个肾、左右肺还有两个鼻孔，大脑也分为左右 2 个半球等。在过去的几个世纪，人们组建了那么多的政党，但大家争来斗去，最终也只分成两派：保守派和自由派（其实也是相对而言）。再回到我们刚才所说的体育比赛，我们通常是喜欢并支持一支球队，非常讨厌另外一支球队。你还会发现性别也只分两种，计算机原理使用的二进制系统只能识别 0 和 1 两个数码来处理信息。

在我们的生活当中，一般是将各种事物分成两个方面，比如男人和女人两类，第一次世界大战时分成协约国和同盟国两个阵营，现在有美国棒球联盟和全国职业棒球协会两个组织，性格有内向和外向两种，社会分为农村和城市，操作系统有微软视窗和苹果的 Mac OS 两种……你会发现，诸如此类的划分不胜枚举，这样划分恐怕是大自然的基本规律，这样才能让我们感觉到自然而舒服，这样的划分将一切复杂事物化繁为简。

其实职场人没有那么复杂，将职场分为四大群体势必让我们的管理者无所适从，这就好比把我们带入了一个歧途，也就是说，每个管理者要同时面对其他 3 个不同的管理对象群体。把职场区分得如此复杂，而要找到合适的管理应对方法，不把我们累垮才怪。

如果简单了解一下现在职场人口的特征，你就会发现所谓 4 个世代划分模式已经过时了。理由如下：首先，所谓的传统世代，在职场中已剩下不足 5%，这么小的比重已经不需要管理者重点关注并采取特别措施了。其次，"婴儿潮"世代大约有 7500 万，X 世代大约有 3500 万—4000 万，Y 世代大约有 7500 万—10000 万，单从统计学的角度看，也能看出统治职场的只剩下两大代际群体了。

不仅如此，X 世代夹在前后两代人之间，他们觉得自己既像"婴儿潮"世代，又有着"千禧"世代的特征。如果他们能自愿把自己划到其他两大群体里，这倒帮了我们的大忙了。

艾伦的故事：X世代如何看自己

36岁的艾伦出生在X世代后期，他自嘲同时属于前后两个世代。以下是他的叙述：

我刚刚参加工作时，就职于一个新兴的营销公司，公司的头儿都是一些"大牛"级人物，他们辞掉原来的工作创立了这家公司，公司同事各种年龄都有。老员工是我工作和学习的榜样，当需要接待客户的时候，我学习该怎么说话，我做到有礼貌地握手，直视对方的眼睛。总而言之我知道如何进行商务接待，我尽可能让自己表现得像一个老员工。但是，年轻的同事们看上去缺少一点工作技能，缺乏职业商务礼仪训练，他们确实嫩了点。

说到技术和新想法，不得不说那些年轻同事们很厉害。但我并不是说那些年长的同事们不好，虽然他们经常对着电脑手足无措，让人觉得有点不可思议。我只是搞不明白为什么发个邮件，转换个PDF文档，他们竟然要花掉整整4个小时的时间——这样什么时候能把工作做完？

对于大多数X世代，艾伦的经历具有代表性。此案例为本书所构建的新的职场代际管理模式提供了支持。正如艾伦自己的实际感受，他并不是把自己视为与年轻和年长同事都完全不同的独特一代，他有时认为自己属于这个世代，有时认为自己属于那个世代。因此，基于我们对现实职场的深入剖析，我们需要创造一个对于职场代际管理有效的二分模型。

现在要果断抛弃原来的4个世代模式，扔掉那个从未真正付诸实践的模式（如前所述，起码都不能用它对人们进行真正区分），找到一个更简单有效的划分方法。根据前面讨论的结论，很多事物最终被分成两个相对的部分，当我们仔细审视和剖析职场代际群体划分的时候，也许我们同样只有两个角度去观察它。

那就是"我们"和"他们"这两个群体。

"我们"和"他们"——职场两大群体

纵观人类历史,会发现在很多领域都存在"我们—他们"的二元模式,这也是我们分析所有人和事的一种思维方式。"我们"通常是指自己的家人和朋友,其余所有人都属于"他们";通常把肤色、性取向、宗教等因素相同的视为"我们",其余所有人则视为"他们";我们常常把周围人分成"圈内"人和"圈外"人;我们还会把公司中一起并肩作战的同事看成一个整体,把其他跟我们工作和业务不相干的人视为"外人"。

由于"我们—他们"经常被作为对人进行评价的标准,我们会不自觉地把周围的人在"我们"和"他们"两大群体中进行归属定位(如下图所示)。

我们 ←——————————————→ 他们

一般情况下,图左边的"我们"这一端的人数少一些,通常包括配偶、孩子、父母、兄弟姐妹等,你的好朋友也会位于较靠近左侧的位置。

此外,我们通常将绝大多数周围的人划分到下图右端。比如其他国家和地区的"外人",他们的语言、宗教信仰、衣食住行和娱乐方式等均与我们不同。说到这里,你会想起来有这样一些人了吧,你会觉得他们与你简直格格不入,找不到任何共同语言。在你眼里,他们就像三头六臂不食人间烟火的"外星人",你肯定会把他们置于下图最右端。

我们 ←——————————————→ 他们

（亲朋好友） （"外星人"）

以上这种简单的思维方式决定了我们对身边人进行分析的结果。"我们"内部的人相处得越融洽对"我们"的界定就越清晰；对"他们"界定得越清楚，"我们"对"他们"就不免产生诸如犹豫、困惑、怀疑、蔑视、嘲笑直至仇恨等各种反应。

除了用于分析职场代际群体之外，这种简单到极致的分析问题的方式也可以用来审视人类史的发展过程。譬如起初某个部落或种族对自己与另外族群的特征差异认识得越来越清楚之后，就会缔结贸易协定、建立军事同盟等，当然也可能最终走到一起成为一家人。

美利坚合众国的形成就是如此，想当初并不是一家人的13块殖民地联合起来，就是为了共同反抗大英帝国。大家起初单打独斗，没有多少共同语言，但最终选择团结在一起，把曾经的对手视为"自己人"，共同对付"他们"——共同的敌人大英帝国。想了解这里面的细节，还是去问你们的历史老师吧。

类似地，当某个公司发现有一个同行的发展愿景与其相似，且公司业务存在优势互补的时候，两家公司就很有可能走向携手合作，甚至可能合并成一家公司。当发现周围有人与我们志趣相投的时候，双方就很有可能成为朋友，当然也可能发展成为夫妻。美国国内曾经的女性选举权运动、公民权利运动和争取同性婚姻合法化运功的胜利，都是源于各利益集团在长期争取的过程中，各方尽可能争取其他各方成为自己同盟军，以尽可能削弱反对力量的缘故。

同样的道理，当我们觉得配偶、老板和商业合作伙伴不再是"我们"自己人，也就是找不到共同语言的时候，分歧乃至分裂就不可避免了，就会出现冷战、离婚、工作倦怠，国家之间出现贸易战等，这必然导致职场中人与人之间的关系紧张和冲突。以上揭示了人际交往过程中的哲学思维层面的基本规律，即对我们与他人关系的基本认知，将决定为人处事的结果。也就是说，如果我们视他人为"我们"，关系就会更融洽，如果视他人为"他们"，后续产生各种代际管理问题就不足为奇了。

管理职场中代际员工的问题，其基本道理与上述分析是一样的。如果你在工作中有过与他人冲突并将其归因于代际差异，那么真正的问题是你已经将你的同事推到了对立的"他们"阵营了。当你对年轻同事做事毛躁感到可笑，对年纪大的同事固执己见感到不可理喻时，这时真正要做的事情是冷静下来，去寻找彼此的共同之处，去分清与真正敌人的不同之处，一切问题就会迎刃而解。其实，解决此类问题有时就这么简单！

需要注意的是，不能机械和僵化地理解这种划分"我们"和"他们"的方式。毕竟用这种思维方式对人进行分析的角度和方法有很多，得出的结论并不唯一。譬如，一个基督教徒会对他的穆斯林同事比较友好，而对其他国家和地区的穆斯林则不然，这是因为一起工作共事使他们具备了诸多"我们"的共同特征，就像共同的老板、相似的工作内容，甚至可能有相同的兴趣爱好。但对于某个突然转而信仰伊斯兰教的原基督教徒朋友，其好感程度就可能会降低，这是因为对方这种行为将自身推到了对立的"他们"阵营。当你知道老板和你有相同的兴趣爱好，你下一次见到他时的眼光也会变得柔和一点。如果你还知道你们所有的爱好几乎完全一样，你们俩可能会很快成为铁哥们儿。如果你的闺蜜悄悄地吃了9个月的窝头咸菜后，突然告诉你她减肥成功，而事前没向你吐露任何口风，我想，你对这个不把你当朋友的家伙，可能想痛骂她的心都有。

基于每个人想和周围人建立一种幸福和健康关系的假设，我们管理职场代际群体的目标是争取把尽可能多的人纳入"我们"，具体方法有以下两种：

第一种方法是，要承认在社会中客观存在着许许多多彼此不同的群体。这些群体之间分享志趣，欣赏彼此的文化传承，分担组织工作目标等。这些群体间的共同之处越多，彼此越容易相处。举个例子：如果有一个大家庭成员的宗教信仰各不相同，但这个特殊家庭还能避免分崩离析，那么这个家庭的成员一定在差异中找到了更多的相同之处，比如差不多的经济状况，或者孩子们就读于同一所学校等。

可是，这种成员彼此包容的群体不是很多。因为不是所有人都有同样的生活经历、教育背景和志趣，我们不能强求他人思考和做事的方式跟我们一样，于是就有了第二种团结他人的方法，即要试着去理解他人思维和行为方式背后的原因，这样就可以设身处地、更好地理解对方。做到这一点，你会发现大家是否完全一致就不再那么重要了。毫无疑问，这是将他人拉进"我们"阵营的一个好办法。举个例子：当你看到有人在推动同性婚姻合法化时，如果你意识到他们行动背后的愿望也是追求美好的婚姻家庭，这和作为一个异性恋者的我们没什么两样啊。这时你会发现大家似乎有着相同的想法，比如说对婚姻的渴望，这种感受很可能会让你支持他们。

就像我们分析的那样，将职场划分成 4 个世代，给管理职场代际群体增加了各种困扰。我们还发现，在分析社会和文化领域的种族、宗教、性取向和民族认同等问题时，也不同程度地存在类似把简单问题复杂化的现象。在前面的内容中，从探讨事物发展的哲学基本思维入手，本书提出了按照非此即彼的二分法来解决问题的思路，即将在同一职场的众人划分为"我们"和"他们"两大群体。对众多代际群体而言，不同阵营的共性被发现得越多，就越容易理解各方行为以及行为背后的动机；对他人的接受和认同的程度越大，彼此就越容易合作共事。这个并不复杂的道理适用于社会和文化的所有领域。以上两点就是在管理实践中扩大"我们"阵营，缩小"他们"阵营的有效方法。

至此，我们已经找到了一个解决社会和文化领域诸多问题的哲学思维框架。接下来，我们将详细介绍这个框架在职场不同代际群体管理中是如何有效运用的。

"我们—他们"模式解码

不管是在职场还是在社会以及文化领域，运用"我们—他们"二元模式的规律没什么两样，无非分为管理者与普通员工、承包商与工人、本部门同事与兄弟部门同事等而已。不管你在何处工作，这样的情形你总会看到，道理都一样。管理者们总是试图相互团结起来管理下属，工人一般不会把承包商看成自己人。

一个公司管理代际群体的最理想状态，就是所有人都会把其他人看成是"我们"。管理者、客户、股东一起为实现共同的利益目标而努力，这样的职场是幸福而高效的，部门之间的竞争是健康向上的。正是这种"我们是一家人"的信念能帮助公司快速成长，最终让公司成为"最佳雇主"品牌公司。举个例子：星巴克公司的使命宣言鼓励从种咖啡的农场主，到精心调制咖啡的技师，再到关心公司发展的所有股东等在内的所有人，立足岗位，努力奉献，共同致力于实现公司的目标。星巴克能不能取得最终成功另当别论，但有一点可以肯定，所有星巴克人正是这样紧密团结成一个整体的。

相反，在一个代际群体管理表现最糟糕的公司里，员工们把自己小圈子以外的人均视为"他们"，即表现为下属抱怨管理层；客户跑到服务更贴心的竞争对手那里；公司部门之间各自为政，甚至相互敌对和冲突；等等。再说一个大家都知道的安然公司案例，破产前的安然管理层视所有员工和客户为"他们"，使公司形成了自我中心的企业文化，最终导致公司破产。还有以生产相机闻名于世的宝丽来公司，其高管对新出现的数字媒体及其使用者不屑一顾——正是没有正确区分"我们—他们"，导致公司最终被时代所淘汰。2008年宝丽来公司破产出局。

一个公司CEO要想提升企业文化，首先要问自己一个问题："怎样才能建设一个让所有员工团结一心的内部氛围？"一名销售经理要想改善与公司产品研发人员的沟通效果，首先需要弄明白："怎样才能让公司的设计者和开发者相信，销售人员和他们的目标其实完全一致？"作为一个渴望升职加薪的职场新人，你需要问自己："怎么做才能让领导相信我同他属于同一个阵营？"

了解到在群体中存在着"我们"与"他们"的固有思维模式后，我们便可以用它去思考在职场代际群体管理中如何扩大"我们"阵营，减少"他们"的规模。用好这个工具，你就找到了解决个人发展和职业生涯等领域诸多类似难题的方法。

"我们—他们"模式的运用

前面我们已经探讨了"我们—他们"模式在职场中是怎样运作的。毫无疑问，在职场中使用该模式遇到的最大问题是，如何区分资深员工和其他员工的价值观和工作能力，这种区分难度超过了对部门和岗位差异的认识。普通员工会升职成为管理者，但新晋升的管理者不会马上就接受高年资员工跟他平起平坐。同样，同一批进入公司但分配到不同部门的员工会觉得彼此是平等的，但对他们部门内的年轻同事和老同事而言却并非如此。

当讨论职场代际管理问题时，我们通常更关注员工的资历深浅，而非年龄高低。有人说年龄和资历是一回事，一般情况下，随着年龄增长资历也会增加，但二者不是成正比的。

举个例子吧！假如有这样三种情形，一是聘用两名年轻客户经理，二是招聘 200 名年轻的话务员，三是录用 2000 名电脑软件工程师，那么在分别培训这三类员工时，不需考虑他们的年龄。但是，如果要面对一个 18 岁的高中毕业生、一个 25 岁的大学毕业生、一个 40 岁转换职业的中年人、一个 52 岁重新回到职场的家庭妇女，那么这种情形之下，他们虽然年龄不同，但却需要接受相同的岗前培训，更重要的是，这些人被一律视为职场新人，培训管理需要一切从头开始。

这并不是说年龄问题无关紧要，恰恰相反，在以上两个案例中，年长的员工易于彼此寻找共同点，而年轻员工更容易相互沟通。年龄不是决定代际管理问题的唯一关键点，年龄和资历无法相互替代，本书在后面的章节中会详细解释这一点。接下来，我们先重点解释有关工作资历的问题，比如资历如何积累、如何发挥、产生何种影响和对工作创新有何限制等。

员工怎样从一个"菜鸟"成为一个资深员工？几乎没人研究过这个有意思的问题。有人对如何在特定领域成为一个专家做过研究，本书后面会介绍这方面的资料，但迄今为止还没有人研究过"白丁"怎样成为高手，多数情况下只能靠我们自己琢磨。究竟什么是"资深"和"资浅"的划分？不同行业和企业的认定标准是不一样的，对这两个极端情形的界定没有统一标准可用，这才让人头疼。

"资深"和"资浅"的标准把员工分为界限分明的两个阵营。现在，一个有 12 年经验的老木匠，或电脑分析师，或捕鱼人站在你面前，你马上会"压力山大"，会觉得不管怎么努力也无法与其平等交流，除非他马上退休或者改行去干别的，否则他永远比你资深，在他眼里你永远是个小字辈，永远无法跟他相提并论。

这种按照年龄和经验对员工进行的区分肯定不是一种完美的规则。作为一个"资深"管理培训师，我曾经在几百个不同场合发表过主题演讲，诸如行业协会会议、上市公司年会、领导力高端修炼课堂，以及公司全员培训营等，其中包括全美《财富》前 25 强公司在内的数千位职业经理人都听过我的培训课程。只要讲到职场代际管理，几乎所有听课对象都告诉我，他们公司"资深"员工（当然说这些话的人把自己归于此类）很多，"新手"也不少，唯独很少有人提及介于两者之间的人。这种想法反映了我们之前对职场的判断，这与本书把职场分为"我们"和"他们"两大对立阵营的观点不谋而合。敢不敢打个赌（赌注可以你来定），就赌你所在的公司一定也是这样——这个赌你肯定不敢打。

如果没有特殊情况，"资深"员工与"资浅"员工的二分模式已经对你们公司方方面面产生了影响。其实这种划分方式不仅得到统计数据的支持，并且也符合现实职场的发展趋势，这也是4个世代模式将要被"我们—他们"模式替代的一个最重要原因，新模式建立在对年龄和经验的客观差异的分析基础上，并能对解决此类问题提供新思路和新方法。

我们再换个角度来解释新模式。到目前为止，我一直拿职场员工的资历深浅说事儿，你别嫌啰嗦，不得不承认，随着年龄增长，经验也是随之增加的，事实确实如此。你之前看过的所有代际管理的书、参加过的所有培训课程、听过的所有演讲中，其实都试图揭开真相，但总不能得其门而入。那么，真正的真相又是什么？

职场代际管理问题的实质，其实就是发生在"新人"和"老人"之间的无休无止的冲突！

从客观现实出发，每个人都会承认这样一个观点。虽然每家公司的具体问题不完全相同，但有一样可以肯定，你肯定没有这么想过：身为一个有一点像传统世代的"婴儿潮"世代，我要学会最大程度地去了解X世代和Y世代员工情感的细微差别。你还肯定没这么想过：我是一个目空一切的X世代，每天都在跟那些满脑子等级观念的"婴儿潮"世代领导斗智斗勇。

你心里真正想的是：

　　那些乳臭未干的家伙还根本不懂工作是怎么回事儿！
　　那些絮絮叨叨的老顽固们不添乱就是帮大忙了，赶快回家养老去吧！

但凡出现有关代际冲突的问题，以上这两句话足以涵盖所有人的反应——人类作为个体，进化得越来越文明，但人与人之间关系的进化却是倒退的。记住，这个世界从来就没有所谓4个世代，只有两个阵营："资浅"的年轻一代和"资深"的年老一代。

艾利克斯的故事：那些让人讨厌的毛头小子！

48岁的艾利克斯是一家制造工厂的经理，在被问及对新招聘进厂的员工有何评价时，他很快做出了回答：

这些年轻人缺乏组织纪律性，做事没有紧迫感；他们自由散漫，对挣钱、利益和未来发展没有概念。他们不是把工作放在第一位，而是想让工作安排来适应自己。工作加班？这似乎会把他们惊呆！即便加班工作很轻松，对他们来讲似乎也难以接受。

就适应工作环境和工作流程来讲，这些孩子好像也存在问题。他们将大量时间用在发短信、刷微博上，好像不分场合、不分时间干这些工作之外的事情是理所当然的。更可气的是，他们俨然一副"事不关己，高高挂起"的嘴脸，比如常常向管理者提出这些问题："我有多长时间的带薪假期？""下班后我一定要处理工作吗？""我的工作说明书能不能写得更细一点？这样方便大家各干各的。""公司组织的履行社会责任的活动一定要参加吗？"我希望这些家伙们把重心放在工作上。他们应该明白，有付出才能有收获，而非工作还没干就唧唧歪歪，斤斤计较。

詹森的故事：那些让人讨厌的老家伙！

27岁的詹森是一家人寿保险公司的客户经理。在向其调查对公司中的老同事有何看法时，他同样是不假思索地说出了下面的话：

公司里所有那些"老前辈"们都65岁以上了，他们几乎都不会用电脑，我每周至少要有一次被他们叫去帮助解决此类问题——都是一些小儿科的事情，比如发一封电子邮件时怎么加附件，如何群发邮件，如何把手机中的照片用邮件发出去等。不客气地讲，其中的一个几乎就是混吃混喝等退休了，因为他已经没有任何销售业绩，每天的工作就是收收别人交到公司的支票而已。即便这样，这老先生还是整天抱着他的电脑网上冲浪而不是工作，整天浏览一些乱七八糟的网站。他的电脑每个月至少要被送去一次清理病毒。他甚至都不懂浏览网页时出现的弹窗其实是有害链接，是不能点击的。公司更换了新电脑系统后，他原来浏览的一些网页被屏蔽，他竟然有一天跑到我办公室寻求帮助，抱怨说某个网站不能登陆让他"找不到乐子了"。他总是给我转发很多垃圾邮件和没用的东西。搞笑的是，我能看到他和他朋友之间发的一大串邮件，而且我认为他们并不知道在他们转发邮件时，其他人也能看到这些。

在职场中，一个人不会永远是"新人"或"老人"。在工作中和跟资历不同的同事之间一定会发生这样或那样的冲突问题，我敢打赌你一定对某些"自以为是"的"老人"翻过白眼，你也一定对刚入职的"新人"撇过嘴。无论你是否意识到，当你跟同事发生类似不快并将其归于代沟的原因时，你已经不自觉地把自己定位于和他们相对立的"新人"或"老人"一类了。

基于以上分析，是时候把令人头疼的 4 个世代模式忘掉，建立一个以"新人"和"老人"为分析基础的"我们—他们"两大群体模式了。用这个新工具来解决职场代际管理问题首先要做两件事儿：第一，找到职场中"新人"和"老人"有哪些尽可能多的共同特征；第二，尽可能解释清楚这两类人的行为和思维方式。真相一旦揭开，问题其实再简单不过。在揭晓之前，我们卖个关子，先说点其他有趣的事儿。

第三章　职场代际众生相

从本书第一章可以知道，20 世纪 60 年代之后，有关职场代际管理问题的提法才出现，也就是说，职场新生代和其他世代之间的冲突由来已久。从某种意义上讲，代际冲突过去有，现在有，未来也会持续下去。此类问题的解决需要冲突双方共同努力，在这一点上，以往的认识是不正确的。

哲学家苏格拉底（Socrates）曾在给希腊年轻学子们上课时，说过这样的话：

> 年轻人喜欢奢华，缺少教养，蔑视权威；他们对长者不够尊重，遇事绕着走却又夸夸其谈；长辈进屋甚至都不晓得问候；他们跟父母吵架，与家人拌嘴，好吃懒做；他们对师长没有丝毫敬畏之心。①

可以看出，苏格拉底不喜欢喋喋不休的"嘴上巨人"，他并没有煞费苦心地对人进行多重区分，最多不过是提到了年轻人和长者等。

类似地，也可以找到历史上的其他名人对人群分类的观点，隐修士

---

① 有意思的是，很多人认为这句话是苏格拉底所说（苏格拉底没有留下任何大作），目前可信的考证是，这句话最早见于 1907 年的一篇医学博士论文的引用。

彼得①不仅说过"我知道的唯一一件事就是我其实什么都不知道"，下面这段话也据说出自于他本人在 1274 年的一次布道：

> 世界正值多事之秋。如今的年轻人只想着自己，他们不尊敬父母或老人，他们对所有的克制都不耐烦。他们夸夸其谈，好像他们知道一切，我们的智慧在他们的眼中愚不可及。至于女孩们，她们越来越早熟，说话、行为和穿着早已与淑女无缘。

现在，还会再有人表达这样的观点吗？当然！那就是把人群分为青涩的"年轻人"和世故的"老家伙"。

17 世纪著名的法国作家弗朗索瓦·德·拉罗什富科②（Francois de La Rochefoucauld）也有类似的表述：

> 老年人喜欢对他人指手画脚，以弥补自己年轻时一无所成留下的遗憾。

诸如此类的名人名言其实很多，我就不再一一列举了。所以看到这里，正读本书的读者大可不必"对号入座"。在人类文明发展史上，世人常常被分出"彼和此"或"年轻人和老家伙"。现在，我们常说的两世代模式也是一样。那么，这种分类方式当然可以推而广之到职场中。

我在本书前面说过，所谓的年轻人和老家伙是相对而言的。在本书后面的内容中，我所说的"年龄大或资历深的同事"和"年龄小或资历浅的同事"，包括相应的管理方法等说法，也是相对而言，需要根据情

---

① 1096 年 2 月，法国亚眠修道院的隐修士彼德（Peter the Hermit，约 1050—1115）和"穷汉"瓦尔特（Walter the Penniless，?—1096）率领了第一次十字军东征的两队之一，此支十字军是由二万名农民组成，又称为"农民十字军"。——译者注

② 法国公爵，又称马西亚克亲王，17 世纪法国古典作家。——译者注

境灵活地去理解。

现实中对"年轻人"和"老家伙"这两大群体是如何区分的呢？对某些情形的区分是不难的，比如对于一个 83 岁的人，或实际 83 岁但看上去像 75 岁的人怎么划分，肯定也没啥可说。

另一方面，现在的人多数对 21 世纪经济社会的了解甚于 20 世纪，即大家的生活背景大致相同。如果你对新西装上的口袋是否属于实用设计还在纠结的话，很可能你还在读大学呢（在我们的祖辈、父辈时代当然是实用设计，现在的趋势在逐渐改变）。

如果你是中年人，那么在确定自己到底归于哪一类时，就可能要挠头了。为此，本书专门开发了一个包括 13 个问题的量表来解决这个难题。量表的设计以本书前面提到的概念为基础，可能更有一些趣味性，关键是能准确地定位每个人的群体归属。

量表的施测难度不高，并不需要特别的培训。组成量表的问题简单易懂，只需要选择 A 或 B 即可。测评的结果也不外乎两个，来试一试吧！①

关于"年轻人"和"老家伙"的小测验

1. 使用电脑时，需要将磁盘插入磁盘驱动器。这样操作过吗？

　　A. 是

　　B. 不懂题目的意思

2. 你曾经拥有过 8 轨磁带吗？

　　A. 是

　　B. 不懂你说啥

3. 当看到"Four Square"时，第一时间想到了什么？

　　A. 一种很棒的户外游戏或热闹的谷仓舞会

　　B. 一种社交媒体

① 这个测评只需 3 分钟，量表的设计充分考虑了趣味性。

4. 你在周末上床睡觉的时间?

   A. 下午六点

   B. 上午六点

5. 关于"party line"一词,了解其是什么意思吗?

   A. 当然!

   B. 我正在用网络搜索呢,我猜可能跟某个电脑游戏有关!

6. 在过去的半年中,用笔写过信吗?

   A. 是的

   B. 除了签支票以外,根本用不着笔,现在网络支付能解决所有问题啦

7. 你是否在家偶尔有从这个房间走到另外一个房间准备去取一样东西,却发现一时想不起来该拿什么东西了?

   A. 是的

   B. 没有出现过

8. 当有人向你问候时,你是否出现过用抱怨天气、酸疼的腿脚,以及头天晚上没睡好等琐事来回应?

   A. 我尽量不说

   B. 谁有可能这么干?

9. 你知道约翰·肯尼迪、马丁·路德·金,以及罗纳德·里根遇刺的时间吗?

   A. 是的

   B. 我猜我应该知道这些人

10. 麦当娜演唱《美国馅饼》,雪瑞儿·可洛演唱《我的甜心宝贝》,达柳斯·拉克演唱《马车轮子》,看到这些信息,你有什么感觉?

    A. 他们糟蹋经典歌曲,应该被批评

    B. 他们为蹩脚的老歌注入新生命

11. 骑马曾经是你首选的交通工具?

    A. 是的

    B. 不是

12. 以下哪种情形未来可能会变成现实?

    A. 全球变暖导致一些物种发生变异、超级病毒肆虐和核武器战争爆发

    B. 揭晓长生不老的秘密,人类社会广泛使用清洁能源

13. 如果需要排队买东西,你会选择哪一种?

    A. 食物和水

    B. 最新款苹果手机

只需要几分钟,就可以完成这个测评。相信你们能看出来,选项 B 代表"年轻人",选项 A 代表"老家伙",最后选择 A 或 B 的数量多少代表你更接近哪个类型。读者可以用下图来帮助厘清测评结果。

A （"老家伙"）   （"年轻人"）   B

这张图非常简单直观,有一点需要注意:从测评结果来看,很多人的测评结果中既有 A 也有 B。我曾经使用这个量表在北美几百家公司做过几万人次的测评,还从来没碰到过结果全是选 A 或 B 的人。

这个测评量表的作用,是将大千世界中的芸芸众生区分为两大有区别但并非绝对不同的群体。实际测评时,也会出现 A 和 B 数量接近的情形,这和没人全部选择 A 或 B 的情况的道理是一样的——"老家伙"们不会同意他们激情和活力消失殆尽的说法,"年轻人"也不会同意被贴在身上的"莽撞""不成熟"的标签。"年轻"这个词所包含的"活力""创新"等寓意,"老家伙"们并不认为跟自己无缘;"老"这个词所包含的"智慧""睿智"等寓意,"年轻人"也对此自信满满。

所以,在对自己进行代际群体区分测评时,我们常常得出一个兼而有之的结论。使用 4 个世代模式也会产生这样的结果。很多"婴儿潮"世代也认为自己其实和"千禧"世代一样都对科技擅长;很多"千禧"

世代认为他们甚至要比他们的父辈工作更努力。从媒体上各种描述职场代际群体的信息来看，基本上没有哪个人同意自己完全属于那个世代群体。我们身边的同事或朋友，常常认为传统世代、"婴儿潮"世代、X世代和一点儿Y世代的特征在他们自己身上都能找到！这其中的原因即如前所述：在对自己进行代际群体区分测评时，我们常常得出一个兼而有之的结论。

在现实中，如果你所在的公司或部门代际关系正处于紧张状态，这个时候，你属于"老家伙"还是"年轻人"完全取决于你周围的人，他们早已经根据你的情况把你拉入他们的阵营。有时我们为了争取对方加入我们，会主动做两件事：一是让对方认为所谓的年龄和资历只是表面想象；二是理解和接纳对方的思维和行为方式。

即便是用两世代模式，实践中也很难把人们区分出大家认可的两大代际群体。道理并不复杂，就像现实中有几百万人搞不清楚自己到底属于传统世代还是"婴儿潮"世代，同样还有很多人不清楚自己属于X世代还是Y世代。原因在于，大家对所谓的年龄和资历标准的认定都不是统一的。在这个问题上，我只能说唯一的共识是没有共识！

如果一个测评量表不能提供分级的标准，就没有什么价值。把代际管理问题简单化使其具有可操作性，是本书的初衷。我们提供的这个量表能把职场中的"老家伙"与青涩的"年轻人"区分开。当然，测评结果只是一个分析结论，仅供参考。

使用量表时，如果测评结果是有7个A或更多，那么表示你已经属于测评结论中的"老家伙"——欢迎您加入全美退休人员协会，恭喜恭喜！你以后买蛋卷可以享受九折优惠，到一些停车场也会受到优待了。对了，现在正读这本书的你应该戴着老花镜吧？——这把年纪还在学习，真得给你点个赞。你每天该干什么呢？去公园喂鸽子，下象棋吧；买一个专门的分药盒子，把每天要吃的各种药都装在里面整理好，设置好闹钟以免忘记每天吃药的时间；家里的电脑已经开始落满灰尘，系统和各种应用也不用更新了；最后，记得读完这本书到医院检查一下，权当做难得的锻炼身体啦。

另一种情况，如果测评结果是有 7 个 B 或更多，恭喜恭喜，你属于测评结论中的"年轻人"。年轻有无限可能！年轻就是一切！当然，这不是说你可以为所欲为。现在的你，可能家里的孩子还小，他们还需要你看护。"年轻人"没有什么耐心，怎么比喻呢？几分钟？还是几秒钟？反正是转瞬即逝！"年轻人"只消费瓶装水和 5 美元一杯的咖啡，这让"年轻人"的生活很有面子。"年轻人"认为瓶装水要比自来水干净卫生，尽管这些在"年轻人"的父辈时代是几乎不用花钱的。"年轻人"钟情于购买带"有机"标签的任何商品，即使价格贵一点也不在乎。凡是带有复杂图表说明的东西，就会让"年轻人"深信不疑。"年轻人"从来不会轻信朋友们说的话，特别是对那些所谓专家的观点尤其谨慎；"年轻人"对新生事物有天生的好奇心；"年轻人"总是迫切地从家里搬出去住，去寻找属于自己的小天地，这是在向全世界宣示：我们已经长大了！

以上是我们给现在职场芸芸众生做的画像，这无疑是一种贴标签的行径！"老家伙"们脆弱、固执己见和因循守旧，等等；"年轻人"毛躁、头脑简单和不独立。

相信你肯定不会把自己对号入座，但是当你对他人试图进行代际群体区分的时候，浮现在你大脑中的不就是这些"典型"的画面吗？为什么放在自己身上就接受不了了？

举个实例：如果你现在对某个"年轻人"同事看不顺眼，我敢打赌你一定这么想过对方。

> 莎拉太懒了，不能把重要的工作交给她。
> 凯尔太自以为是了，他以为每天出点风头就该获得奖励！
> 塔米卡整天都在玩，根本没心思工作。
> 亚伦根本做不到集中精神把工作干好！

克里对工作一点也不懂!

这些家伙知道什么是职业道德吗?

亚瑟的故事:年轻人崇拜什么

58岁的亚瑟经营着一家属于自己的小视频制作公司。公司最近招聘了两个新员工,亚瑟正和这两个新人进行入职后的第一次共同出差。以下是亚瑟讲述的故事:

我和这两个家伙一边聊天一边工作,彼此越来越熟悉。我们正在为客户安装高档音响、投影仪,以及其他一些影院设备,因此聊天的内容主要和各种电影有关。我个人很喜欢跟人交流,这样我可以知道别人都喜欢什么样的电影。通过了解他们最喜欢的5或10部电影,我就可以了解这个人的想法和价值观,我把这种看法跟其他很多人交流过,我非常乐意跟他人深入地交流对一些经典电影的看法,像《卡萨布兰卡》《教父》《美好生活》《飘》《非常嫌疑犯》等。

当我第一次向两位同事抛出类似的话题时,这两位的反馈与以前完全不同,让我即震惊又哭笑不得。他们俩当时对视了一分钟,然后达成了一致:"怎么说呢,还是不如《变形金刚》吧。"

亚瑟讲的故事与工作和生产效率,个人的成功和抱负,以及其他任何关于职业的问题无关,至少没有直接关系。亚瑟基于对两位新同事的某些认识有不同看法,并表达了他自己的观点而已。但是,我们从中似乎看到了我们自己的影子。

我曾经给好几百家分属不同行业的公司做过职场代际管理的主题讲座,我也曾经与几千位来自不同背景的资深员工做过大量的深度访谈,他们分别来自于乡村和城市,有蓝领和白领,有共和党和民主党人,有各种不同的种族。最后终于发现,所有人关注的职场代际问题没什么两样。现在的年轻人的确存在懒、缺少激情、自我、沉迷网络等现象,对职业承诺普遍无感。

如果你在公司或部门里恰恰属于"年轻人"，而又确实跟那些比你资深的"老麻雀"交流有障碍，那么，我敢打赌你一定这么想过对方。

巴里这家伙真懂该怎么干吗？

劳拉只会用那一种方法——别的她也不会啊！关键是她从来不听别人的。

莫里斯这个蠢货，他还用他那个年代的东西要求我们！

老索拉现在什么也干不了，只是在混日子等退休！

琼的故事：前辈树立的榜样

29岁的琼在一家规模不大的私立高校担任助教，在她上岗将近1个月的时候，发生了下面的故事，以下是她本人的讲述：

有一位教授同事经常在办公室小憩，而且还打呼噜，关键是他喜欢这时候门窗大开，让包括我在内的外人一览无余，那个尴尬呀。有时我正跟人在办公室谈事，这时候一阵阵打呼噜的声音中断了我们的交流。这时我真希望是在做梦。有什么办法呢，他这明显是在倚老卖老。教授给我们这些后辈树立了一个坏榜样，他牢牢地占据着教授的席位，让我们这些努力的年轻人看不到晋升的希望。

如果你对亚瑟和琼的经历有同感，这实际上代表你已经在使用4个世代模式思考了。身处职场，大脑会自动自发地把我们周围分为"我们—他们"两个阵营。所以，职场中的代际管理问题也遵循同样的规律。

职场的两种极端情境

借助于测评量表，每个人都可以对自己属于哪个群体做出判断。接下来我们继续对"我们—他们"模式进行深入分析。

　　"长江后浪推前浪，一代更比一代强。"所以人们都关心当职场完全被你的"年轻人"同事掌握的时候，其他人会有什么样的前景。如果我告诉了你这个真相，你可能会被吓到！我的观点或许有些残酷无情，但是，相信你会同意我对未来职场的判断。

"年轻人"主宰的职场会是什么样？

　　一天的工作时间从什么时候开始呢？上午10：30？中午？或者明天？——干嘛非要固定在某个时间呢！在每天工作开始之前，打一打电玩，在闲聊中充分享受一杯香浓的咖啡是必需的功课。不管做哪个行业，上班的时候穿着舒适的休闲服也是必要的。即使是公司高管，打扮也要有个性，为了显示身材而多花点功夫也是社交所必需的。

　　每个人都可以把自家的狗带来上班，它们随便大小便又有什么关系呢。生意往来和处理工作事务时大家发个短信息就可以了，即便是公司的业务报告，尽可以按照个人的想法去写好了。

　　关于办公方式，你还在居家办公？太老土了，就连后来出现的"居家假装办公"的办公方式，也已经被更新的办公方式——"我压根不想上班"所取代了！所有员工每个月都会晋升一级，以激励他们的工作积极性，一直到所有员工都被提拔成为总裁后，公司就宣布解散。以前可以请病假，现在可以请"郁闷假""疲劳假"和"有点难受假"等。

　　办公室又会是什么样子呢，方头方脑的老式办公家具你肯定是看不到的，被健身球、攀爬架，功能强大的跑步机所取代。上午11：00之后，下午1：30之前，就几乎不会有什么工作要处理了，这时可以尽情地享受午餐。大家都有午睡的习惯，很多公司会组织全体员工进行各种游戏比赛。

呵呵，以上这些完全是基于个人脑洞大开的凭空想象，完全脱离了现实。还是回到现实吧，发现并服务好客户是商业管理的重要原则之一，这离不开扎实的具体工作，比如用电话联络客户和亲自拜访客户等。不是所有行业都能完全搬到互联网上开发出 App，然后用 iPad 就能完成客户开发和维护等所有工作的。

在互联网时代，人们将来可能会把摄像头植入眼球，这样就可以随时记录下所看到的一切。个人隐私保护会变得越来越困难（曾经有过一次关于隐私权的讨论，后来也不了了之），但是好像没有对此表示担心，尽管这些海量的隐私数据有可能被政府和某些别有用心的人所利用。

让我们脑洞继续大开。国家总统选举已经改为每 43 天一次，在此期间，微博上被"点赞"数量最多的人将成为获胜者。在这种新制度下贾斯丁·比伯（Justin Bieber）一旦当选总统，他可以马上把国歌改成他的单曲《如果我是你们的总统大人》，据说这首歌能让 40 岁以上的人抓狂。参议院将制定相关法案，鼓励大家上传分享更刺激的视频，只要是在网络上迅速传播的舆论都将被形成法案。那些朋友们最近同你分享的大量视频内容中，只要是大家认为新奇有趣的事件，都会通过相应的法案。诸如此类吧，如果这些真的发生并成为社会的主流，那么，像市政建设、污水处理、农业补贴、防灾救灾、国民教育等涉及国计民生的公共管理项目将完全崩溃——没有哪一个"年轻人"觉得这些好玩！

如果真的这样，不用太久，社会将全面崩溃，人类将全面消失！

现在职场中的"年轻人"当然不可能这么做，只是作者在社会对他们的"画像"（懒散、自我、不愿工作并一味迷恋互联网）的基础上，进行"合理"的夸大和推理而已。因此，这些想象不是无中生有哟，它们描述的是"年轻人"在最极端情境下的表现！

只批评"年轻人"不公平，我们不妨用同样的方法，想象职场的"老家伙"一旦控制着职场，在极端情境下会有何种表现。

"老家伙"主宰的职场会是什么样?

每天的工作时间从上午8：00到下午4：30，所有员工都被严格要求执行同样的工作时间。中午允许有30分钟的午餐时间，23分钟用于吃饭，7分钟用来去自助餐厅的路上。餐厅提供的食物花样不多，即便是偶尔会提供一种低盐米饼，也是考虑到员工年龄大、普遍血压高。公司的管理一切中规中矩，条理分明，比如给每一个新入职的同事都会发一套标准工具，以尽可能减少工作出现差错。

公司每个敬业的员工都必须无偿自愿接受加班工作。在这样的公司里，会经常听到有人宣扬"公司好！老板好！""我们原来可不是这么干的！"这句话常常用来教育那些不安分的员工，久而久之，这句话被写入国家宪法，并逐渐被世界上越来越多的国家所采用。公司对传统精神和文化的推崇和追求，使其对外的影响越来越大，最终，这世间所有的分歧和争议被完全弥合。人们仍然用老式相机拍照，为了等待镁光灯曝光，不得不长时间保持拍照的姿势不动，即使最后脸部表情都僵硬了，大家也无所谓。

对他们来说，1972年是一个分水岭，那年之后所有新发明和创造就停止了，人们重新回归到之前的工作和生活状态。比如，所有建筑物都追求宏伟和坚固耐用，质量堪比监狱，即典型的20世纪70年代的风格；人们每天穿着格子休闲装，拿着绒面的公文包去上班；出行使用的行李箱非常笨重，大家费劲地出差，公共场合不禁烟，反而是被一再鼓励吸烟；由于平板电视征税很高，每个家庭不得不重新使用笨重的老式显像管电视机。

呵呵，我不敢说这样的工作和生活方式会不会一定走进死胡同，但是，我想肯定没有人喜欢这种方式，绝对没有！

以上的描述做不到绝对客观可信，但也是建立在我们平时的认知基础上，我们称他们为"前辈"或"老家伙"，"固执己见""不知变通""呆头呆脑""顽固守旧""教条主义"等，不正是我们的原话嘛!

作者再次重申，本书的目的在于把职场代际管理的复杂问题简单化，给诸位提供一个简单易行的问题解决思路。本章对两大群体肖像的描述和刻画，有助于加深读者对问题的理解。基于本书前面几章对职场代际群体的描述和分析，我将代际管理问题的核心总结和提炼为4个方面。

（1）工作忠诚和爱岗敬业方面。"老家伙"认为"年轻人"根本谈不上爱岗敬业和对组织的忠诚，而后者则严重质疑前者的工作能力。

（2）职业生涯发展方面。"老家伙"认为他们的后辈太过于急功近利，好高骛远，而后辈们则评价前辈总是躺在过去的功劳簿上不思进取。

（3）工作创新方面。"年轻人"认为他们的前辈太因循守旧，而后者认为他们太不重视工作流程和方法。

（4）实施变革方面。"老家伙"认为"年轻人"仅仅是为了变革而变革，太过于随意和任性，而后者认为前辈们因循守旧，害怕任何变革。

以上这4个方面几乎涵盖了职场代际管理问题的全部内容。还记得本章开头引用的名人名言吗，隐修士彼得抱怨年轻人懒散且缺少教养，轻视传统和师长的智慧。弗朗索瓦·德·拉罗什富科则批评老年人只会用连自己都不确信的知识教训年轻人。看来代际的冲突古已有之，代际管理问题的核心内容没有变化。

上述这4个方面体现了职场代际管理问题的核心，其与传统世代、X世代等群体的一些特征表现并不是一回事儿。这4个方面反映了人们在科技发展等外因的影响下，随着自身年龄增长和资历的增加，工作和生活价值观变化的基本规律。

透过现象看本质，读者现在该明白代际管理问题的本质了吧。还记得本书第一章列出的那个介绍 4 个世代特征的冗长表格吗？忘了它吧！不管你现在面对的局面有多么复杂，只要借用以上的 4 个方面进行分析，就可以拨开迷雾。

本书后面四章的内容将会逐一分析这 4 个方面的解决之道。首先是职场忠诚及其对爱岗敬业的影响；其次是如何实现职业发展与职业进步；再次是创新和守旧的冲突管理；最后是如何对待组织的发展与变革。每章包括两部分：第一，找到"年轻人"和"老家伙"在这 4 个方面的共同之处，并告诉读者壮大自己队伍消灭对方阵营的操作方法。第二，阐述"年轻人"和"老家伙"在这 4 个方面为何存在不一致，并告诉读者管理那些不听命令的刺头儿员工的操作方法。

读完这本书，职场代际管理的一切工具就会尽在掌握，轻轻松松消灭所有困扰你的职场顽疾！

为什么公司里的"年轻人"桀骜不驯且让人失望？为什么公司里的"老家伙"固执己见难以沟通？答案马上揭晓。

职场代际冲突的主要原因

1. 工作忠诚和爱岗敬业方面。"老家伙"认为"年轻人"根本谈不上爱岗敬业和对组织的忠诚，而后者则严重质疑前者的工作能力。
2. 职业生涯发展方面。"老家伙"认为他们的后辈太过于急功近利，好高骛远，而后辈们则评价前辈总是停留在过去的功劳簿上不思进取。
3. 工作创新方面。"年轻人"认为他们的前辈太因循守旧，而后者认为他们太不重视工作流程和方法。
4. 如何实施变革方面。"老家伙"认为"年轻人"仅仅是为了变革而变革，太过于随意和任性，而后者认为前辈们因循守旧，害怕任何变革。

第二部分

玩转职场代际管理

第四章　职场忠诚及其对代际管理的影响

诸多统计数据表明，职场忠诚已是明日黄花。据 Careerbuilder.com 于 2011 年的一项调查结果显示，一旦有合适的机会，76% 的全职员工会选择立即走人。而 MetLife 在 2012 年对员工福利和工作态度的一项调查结果揭示，职场忠诚度已经降至 7 年来的最低水平，有大约 1/3 的人声称会在当年年底另谋高就。Ernst & Young 在 2012 年的一项调查发现，69% 的受访者相信职场员工对组织的忠诚较原来在降低。诸如此类的信息还真不少。

今日职场忠诚度低迷的局面显然要归功于职场劳动者的新老更替，职场中新生代员工的频繁跳槽正是他们对职场和工作感到漠然的反应，老一代对此完全不能理解。2014 年对大约 6000 名新生代员工和人力资源专员（HR）的一项调查结果表明，有超过 80% 的年轻员工（18—26 岁）认为自己对雇主是忠诚的，有意思的是，只有 1% 的 HR 相信他们的年轻员工对组织的忠诚。[①]

爱伦的故事：职场忠诚的变化

51 岁的爱伦是一家跨国制造公司的高级经理，她已经为这家公司服务了二十多年，负责公司全球四大洲的工厂运营业务。以下是她对今日职场员工忠诚度变化的观察：

[①] 有研究表明，忠诚和职业道德有着千丝万缕的联系。调查同样发现，86% 的年轻工人认为自己工作努力，但只有 11% 的老员工对此表示认同。

与当初我参加工作时相比，现在的员工对公司的忠诚已经不能相提并论了。当初我们是抱着寻找安身立命和能实现自己与公司共同发展的工作态度开始职业生涯的。公司投入了大量资金来培养我们每一个人，公司实施的每3年在全球不同区域的职位轮换项目也使我们受益匪浅，为此公司要付出3万—10万元的成本。如果你有幸参与其中，你会感受到来自公司的激励和认可。在20年前，我们公司几乎没有员工流失的情况。

现在就不一样了，那些年轻人一进公司就会有我们这些老家伙带着他们，在工作中我们会尽心尽力给予指导和帮助。尽管他们刚进公司的时候，工资就比我们的竞争对手公司高5%或更多，但是这些家伙还整天吵着升职加薪。更让人伤心的是，公司花费了大量时间和金钱来培养他们，但是只要一有机会，这些家伙会马上拍拍屁股走人。像我们过去那样对公司忠诚的情形再也看不到了！

显然，今日职场的老员工和年轻人对组织承诺和爱岗敬业的认识已经完全不同了。但如果仔细想想，会发现对这件事情的理解不能停留在表面。"存在即合理"，但凡存在职场忠诚度不高的时候，总会找到客观的原因。

职场忠诚太重要了

期望忠诚是人际关系中最基本的需求。对于自家孩子，与他人相比，你期望他们对你更言听计从；对于配偶，你期望对方对你更忠诚；对于朋友，你期望他们能随时对你发出邀请，哪怕仅仅是吃一块比萨饼；对于下属，你期望他们能听话出活，对你的要求不折不扣地执行。在这些情况下，你还期望他们对你有足够的尊重！

忠诚是人际关系内涵的基本组成要素。在夫妻、父子、朋友、同事和上下级等各种社会关系中，你未必喜欢对方，也未必受益于对方，但在所有这些关系中，相互忠诚是最基本的要求。不管从什么程度上讲，当你讲话时你会期望对方能倾听；当你需要支持时，他们能表示认可和支持。缺乏忠诚的人际关系是不正常，也是无法存续的。

抛开哲学层面的讨论，毫无疑问，任何一家公司都期望有一个高忠诚度的职场状态。大家普遍认可这样的观点：相对于低忠诚度，高忠诚度的职场必然导致更高的生产率、更低的员工流失率和更多的创新创造。我们知道职场忠诚和职业道德密切相关，这一点已经被人力资源管理实践所证实。实践证明，高忠诚度的员工表现为工作更积极努力。换句话说，较高的忠诚度能使所有员工紧密团结成一个整体，壮大"我们"阵营的规模，而较低的忠诚度使员工分崩离析，将员工推向"他们"阵营。

现在的新生代员工拒绝对除了自己以外的任何一方表现忠诚，那么，还有办法培养和提升职场忠诚度吗？这些新生代拒绝忠诚的原因何在？整个新生代真的像有些人说的又懒又自恋吗？

我只能说：一切皆有可能！为把这件事弄清楚，我们需要近距离观察今日职场新生代，看看他们到底怎么了？

新生代员工对组织的忠诚度真的比老一代低吗？

有个问题需要搞清楚：新生代员工对组织的忠诚度真的比老一代低吗？根据美国劳工统计局提供的数据，2010 年，55—64 岁年龄段的员工在同一家公司连续任职时间平均为 10.3 年，是 25—34 岁年龄段员工的大约 3 倍。不仅如此，2013 年的一项调查发现，18—25 岁新生代员工平均干过 6.3 个工作岗位。以上这些数据经常用来批评新生代缺乏成熟的职业观念，以及缺少对组织的忠诚。

是否可以据此得出结论：现在的新生代们除了自己以外，对任何其他方面都缺乏忠诚？

当然不是！这些事实与我们要讲的根本不是一回事。

首先，把 25—34 岁和 55—64 岁年龄段的员工进行简单比较是不科学的，因为一般情况下，随着年龄增长，连续任职年限都是增加的。

多数人初入职场时都会通过尝试和探索不同的组织和岗位以寻找自己的
"真爱"，这必然拉高了他们的跳槽统计数据。如果一个25岁的年轻
人，能在一家公司连续待10.3年反而不正常，即便能做到，那么也需要
从15岁就开始工作，但这个年龄所能做的绝大多数工作与将来47岁时
做的工作肯定不一样吧。再说了，没人愿意把一种工作从15岁的青葱
少年一直连续干10.3年之久！

　　恰恰相反，对不同代际的同龄人在不同时间的表现进行纵向比较才更
有实际意义和价值。如果25—34岁的在职员工在过往不同时期呈现忠诚
度降低的变化，那就可以证明现在职场新生代确实不像上一代那么忠诚了。
《每月劳工评论》和美国劳工统计局可以帮我们找到这些1951年以来的
历史数据（分别是25—34岁、35—44岁、45—54岁和55—64岁职场员工）。
图4.1是对男性在职劳工的统计，图4.2是对女性劳工的统计。

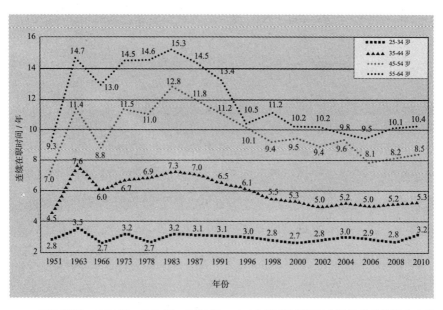

　　数据来源：1951年、1963年、1966年、1973年数据来源于《每月劳动评论》（见
1952年第9期、1963年第10期、1967年第1期、1974年第12期和1979年第11期），
其他数据来源于美国劳动部劳工统计局1983年、1978年、1991年、1996年、1998年、
2000年、2002年、2004年、2006年、2008年和2010年发布的数据。

　　图4.1　男性劳动者在同一个组织连续在职时间变化趋势（1951—2010）

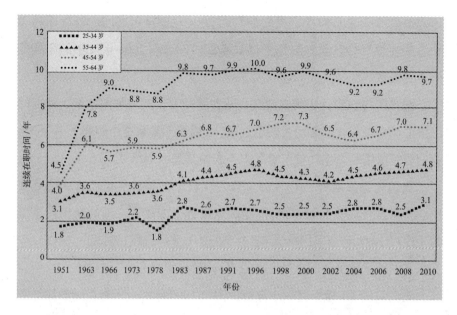

数据来源：1951 年、1963 年、1966 年、1973 年数据来源于《每月劳工评论》（见 1952 年第 9 期、1963 年第 10 期、1967 年第 1 期、1974 年第 12 期和 1979 年第 11 期），其他数据来源于美国劳动部劳工统计局 1983 年、1978 年、1991 年、1996 年、1998 年、2000 年、2002 年、2004 年、2006 年、2008 年和 2010 年发布的数据。

图 4.2　女性劳动者在同一个组织连续在职时间变化趋势（1951—2010）

如图所示，我们的第一假设是正确的：年龄越大，对组织的忠诚度越高。这个结论适用于不同性别和年龄阶段的所有职场员工。

比较这两张图可以发现一个共同的特征：在 1951—1963 年和 1978—1983 年，不同年龄的所有代际群体连续任职年限都呈上升趋势。原因可解释为：第一，在结束第二次世界大战的混乱后，社会发展回归正常状态，20 世纪 50 年代的人们彼此珍惜来之不易的和平，职场忠诚度达到了历史最高点。这似乎印证了人类有怀念共同经历的天性。

第二，可以从那个时期发生的重大事件去寻找原因。在 1980—1982 年的经济危机当中，银行利率超过了 21%，显然是危机迫使所有的在职劳动者们不敢再像以往那样随便跳槽，也可能是根本就无法跳槽。这个道理放到今天也是如此，我们会看到 2006—2009 年期间，所有职场劳动者的连续平均在职年限几乎都是增加的，这跟 2008 年发生的金融危机不无关系。[1]

两张图均表明：职场忠诚度会随着劳动者年龄增加而增长，外部的经济危机会提高在职劳动者的忠诚度（老板们不喜欢这个解释）。接下来，我们研究所谓的新生代员工看起来不忠诚是怎么回事儿。

我们先说劳动者。图中 25—34 岁男性的曲线比其他所有曲线都要平缓，甚至可以说在过去的 40 年基本没什么变化，今天的新生代员工与 1973—1983 年期间同龄人相比，数据几乎是一模一样的。所以，今天职场的新生代员工的忠诚度并没有降低！

我们对图 4.1 做更进一步分析，图中 1983 年时点所有代际群体均到达了历史最高点，从这一点往后会看到曲线开始明显下降，并在之后的 30 年中一直持续这种趋势（只有年轻群体不明显）。准确来讲，现在职场中 35—44 岁的劳动者的忠诚度较 1983 年下降了 27%；45—54 岁的劳动者下降了 34%；55—64 岁的劳动者则下降了 32%。你可能会说，这可能是由于人力资源外包、临时解雇、提前退休以及公司重组等原因所导致（这些因素本书后面会提及）。但不可否认的是，35—64 岁的所有劳动者连续在职时间确实比早些年下降了，而年轻人群体的数据则几乎保持不变。

相比之下，对图 4.2 中女性劳动者的分析结果则有很大不同。综合所有年龄段女性劳动的情形看，在过去的 60 年，除了有很少几次小波动，所有曲线均呈现缓慢上升趋势。自从大量女性进入劳动力市场以来，伴随着职业化程度越来越高，这种趋势一直如此。图中显示

---

[1] 同样，在两张图中除老年女性劳动者外的其他所有劳动力连续在职时间在 1966—1973 年也是呈增长趋势，原因跟中东石油危机引发的经济危机有关。

1983 年之后，年长女性劳动者的连续在职时间并没有像男性劳动者那样呈现下降趋势（稍后会在本章中探讨这两者不同的原因）。说到年轻人的职场忠诚度，值得注意的是女性劳动者较之以往反而提高了，并在 2010 年达到历史最高峰值。

事实胜于雄辩。今日职场新生代员工的忠诚度达到甚至超过了 1966 年以来的最高水平。请不要辩解说这仅仅是 2008 年金融危机这一偶然因素所致，毕竟经济危机的确对所有劳动者都产生了影响，这一结论是得到公认的；也无须去质疑统计数据，毕竟美国劳工统计局还是有权威的。

我们前面提到过，25 岁前的职场新生代平均会换 6.3 个工作，这是个看上去有些离谱的数据。同样的年龄阶段，"婴儿潮"世代的数据则是换 5.5 份工作。实际上，"婴儿潮"世代在 18—44 岁期间平均总共要换 11 份工作，就是说平均 2.5 年就会跳槽一次！

李的故事：一个"婴儿潮"世代的职业生涯

67 岁的李先生刚刚从一家保险公司退休，但这家公司只是他服务过的众多公司中的一家而已。以下是他的自述：

当我 45 岁时，我已经在 6 个州的 10 家公司干过。我在美国佐治亚州出生长大，在 19 岁读完大专后进入军队成为一个医疗兵，退役后我干了几个月销售活动板房的工作，后来我又开始挨家挨户卖保险。之后我又重新回到大学校园，攻读影视评论专业。毕业后我到美国童子军协会做了 1 年的公关工作。

再后来我又回到亚特兰大市重操旧业卖了 3 年保险。再后来又跑到塔尔萨市一家计算机公司干了 3 年的招聘专员。在此期间，我还遇到了一家不太靠谱的兼做柏油路铺设工程的石油天然气勘探公司——尽管从公司的名字看石油和沥青是一个家族。再后来，我又回到佐治亚州重拾大学所学专业的老本行，到一家报社干了6年的写作编辑。在经历了这一番兜兜转转后，我最终选择了我的职业归宿——财产和人身保险行业，工作地点辗转于科罗拉多州、佛罗里达州和伊利诺伊州等地并在工作15年后退休。

我不认为我的职业生涯一帆风顺，但却和很多朋友经历非常相似。说句实话，我其实不知道到底什么样的生涯才算是完美。我的职业生涯经历了太多的波折和冒险，这种生活给我带来了各种各样的新体验，推动我不断提升能力。在每一段经历遇到的挑战都会推动我远离所谓的"舒适区"，不断前进。一直到我退休，这种不断学习和成长的生涯历程始终伴随着我。

在过去的60年或更早，会有一些年轻人往往是经过在多次职业探索和尝试后，才会确定自己的职业锚，上面的这个案例就是最好的例证，此类现象早已有之，今天的职场新生代仍然在重复昨天的故事。

不仅如此，从数据资料看，新生代们反而是比过去50年的任何时期忠诚度都更高。职场"老前辈"认为他们"不靠谱"的看法本身就不靠谱。

解码职场新生代的忠诚度

我们来一一解释职场新生代忠诚度水平为何在提高这一"新"结论。第一，正如我们之前提到的，经济危机会对职场忠诚度提升有正面影响，即危机来临时，劳动者对工作不敢再挑肥拣瘦，通常是只要有工作可干就谢天谢地了。

第二，现在的职场新生代在寻找工作机会时有充足的经济实力做后盾，即不会因为怕饿肚子就急于找工作。新生代不仅知道如何寻找好雇主，同时他们也接受过这方面的专门教育和培训，这使得新生代能够容易找到与能力和兴趣相符的职业。尽管这会让新生代们在寻找最佳工作机会时，偶尔费一点周折，但是换句话讲，因为有了预先了解，一旦入职，他们的工作忠诚度反而可能更高。

第三个原因也是最重要的，即现在的新生代比其他任何时期更追求生活的永恒。前面我们提到，"婴儿潮"世代在18—44岁期间平均换工作达11次之多，与此形成鲜明对比的是，2013年Ernst & Young研究机构一项研究表明，60%的年轻人希望更换工作不超过6次。在把创业作为进入职场最佳选择的所有群体中，新生代们看的是最淡的。

除了这些不同之外，职场新生代与20世纪50年代的前辈们还有共同点吗？让我们的记忆再一次回到那个年代。经历了战争的洗礼，所有人都盼望回归正常和稳定的生活，这种对美好生活的向往创造了较高的职场忠诚和职业道德的黄金年代。如果说战争深深影响了"婴儿潮"世代的职业观念，那么在过去的30年还出现了一个有同等影响力的事情，尽管二者有着本质的不同，但它对职场新生代的工作和生活观念产生了深远的影响。

你大概猜得出，我所说的这个事情是互联网，其改变了人类的交际生活方式。我们知道，X世代和"婴儿潮"世代是在互联网问世前出生的，这意味着他们与新生代的成长经历完全不同——互联网对后者产生了一定的影响。要想理解新生代的思维和行为方式，就必须认识到互联网对这一代人的重要影响。

我们还是先来解释什么是"邓巴的数字"（Dunbar's Number）。

神奇的"邓巴的数字"

20世纪90年代早期，有一个叫邓巴的牛津大学人类学家发表了有关人类社交互动影响因素的研究成果。邓巴研究在社交活动中神经系统是否对一个人同时有效关注的人数存在影响。换言之，就是研究一个人的社交圈子最多可以容纳同事和亲朋好友等社会关系的数量。

这个研究过程需要借助于回归分析和置信区间等统计学方法，但是研究结论很简单：人类神经系统对社会交往网络能承受的对象数量有最高限制，这个数字大约是 150 人左右。在实践中，这个数字范围是 100—230 人，也有其他专家认为应该是 300 人左右。邓巴的观点是 150 人左右，这个数字是对我们在任何给定时间能关注的人数的一个大致科学的判断。这种说法与另外一个例子如出一辙：作家马尔科姆·格拉德威尔在其畅销书《异类》（Outliers）中也提出，成为一个专家级人物需要经过大约 10000 小时的实践训练。

邓巴的研究观点已经被不同方式所证实。比如在新石器时代，部落平均人数就是 150 人左右；在 19 世纪英国的乡村规模平均也是 150 人左右；古罗马军队的基本单位规模也是大约 150 名士兵，这与现代美国军队连队 160 人的规模相当。更神奇的是，邓巴在 2010 年针对脸谱网用户的使用习惯所做的分析表明，不管一个用户的网络朋友圈实际有多大，其实际经常保持联系互动的不会超过 150 人。反对这个理论的人会说，现在很多婚礼宾客会有超过 300 人的趋势，诸如此类的例子越来越多（其实也可以说新郎和新娘的社会关系各有 150 人），似乎无法支持邓巴的理论，但是，人们对有效社交圈子的大小在内心深处是有一个承受限制的。

邓巴的观点之所以有价值，在于其对人际关系网络的定义。所谓忠诚是指向一定的对象，即只有在某个圈子里才有意义。每个人都渴望融入某个群体和圈子，不管是从个人发展还是职业进步的角度，人们保持密切联系的人数似乎不超过150人，有些人可能会更少一些。我可以断言，如果每个人对自己真正有价值的社会关系进行梳理，会发现这个数字最多不会超过 200 人！

接下来，让我们去弄明白网络是如何改变新生代的社交方式的——特别是发生在职场之内的情形。

互联网对职场忠诚的影响

关于网络对现实世界的影响力，目前这种认识可能有些夸大其词，我这里不想就此展开讨论。互联网对当今社会当然重要，它比切面包复杂得多。切面包虽然很复杂，但还不至于需要多么高的智商去研究怎么切出适合每个人嘴大小的程度。那么，互联网的出现对职场忠诚度到底有何影响？

这种影响无处不在！

根据互联网出现的时间，可以把人们分成两个年龄阶段的群体，一部分是成长在互联网出现前，被认为受其影响不大；另一部分是成长在互联网出现之后，其工作和生活受其"毒害"较深。我今年 36 岁，恰好处于这两大群体的分界线上，我们 X 世代的成长正好处在互联网出现的前后，所以我们也不知道该归于哪一类群体。

互联网引发了深刻的社会变革！

如果出生并成长在互联网出现之前，那么你的社交网络可能会小得多。缺少了今天电子游戏设备的牵挂，当年你会有和许多小伙伴在户外玩耍的机会。在那个电话通信不普及的时代，你反而会常常骑自行车去拜访同学。

互联网出现之前，人们的社交圈子没现在大——那其实也是一个感觉很美好的状态。

互联网出现前的社交方式

那时候，人们打电话时尽管看不到对方是谁，也会亲切地打招呼"你好!"就跟面对面沟通时一样。而对方可能是一个朋友，或者电话销售员，或者是陌生人。

- "移动电话"最初是指电话线略长一些，适合在家中打电话时走来走去，通常被安装在厨房，方便在干家务活时走进走出打电话。

- 人们通常将他人的电话号码记在电话簿上，如果需要跟朋友约定在外见面的话，所能做的只能是提前到达约定地点，如果对方未能按时出现，除了傻傻地等待，别无他法。当时手机还未出现，更无法用手机"定位"来寻找对方了。

- 摄像机大约在 20 世纪 80 年代开始面世，在尚未普及时，常可以看见有些父母肩上扛着笨重的摄像机给孩子拍摄——记忆中的画面是那么美好，大概过去了 15 年，摄像机才变化成现在小巧的样子。那时没人能想到摄像机后来还能变成家庭影院，并迅速普及进入千家万户。

- 1950 年的电视只有 12 个频道，在之后的 35 年，这个数字呈现了爆炸式增长。1961 年美国联邦通信委员会（Federal Communications Commission, FCC）主席牛顿·米诺（Newton Minow）说：多不胜数的电视节目内容都是游戏娱乐、暴力、观众互动参与、家庭情景喜剧、凶杀、动乱、虐待、谋杀、西部匪战、西部英雄、私家侦探、盗匪等类别。节目内容充斥着暴力、动画，以及没完没了的广告，还有刺耳的尖叫、暧昧、争斗等情节，不免让人感到无聊和厌烦!这句话几乎反映了一直以来普通大众对电视的看法。较多的电视频道反而让人无所适从，这种情形大概是从 1985 年左右开始迅速发展的，那时家庭可收看的电视频道数量平均为 18 个，1990 年就增加到 33 个，到 2000 年则猛增到 61 个，2014 年增加到创纪录的 189 个。

- 1984 年 3 月 13 日，世界上第一部手机摩托罗拉 Dyna TAC 8000X 问世，它有 13 英寸长，3.5 英寸宽，重 28 盎司，电池充满后可持续通话 30 分钟，市场售价为 3995 美元。经过 6 年改进后，这款手机的体积大大缩小，通话时间也延长至 75 分钟，价格降至 2995 美元。这一时期，昂贵的售价显然使得手机很难进入寻常百姓家。又过了大约 10 年之后，市场上才出现了我们现在所知的能支持上网的手机。
- 互联网直到 1991 年才开始走进公众视野，但经过 4 年之后才有网络搜索功能（雅虎搜索）。1995 年美国 1800 万家庭安装上网设备，其中只有 32% 的家庭感觉网络不可或缺，但是只有 20% 的用户保持每天上网。这里引用当年一篇文章的内容："很多人认为除了经常用来发邮件，网络其实没多大用处。"消费者尚未开始在网络购物，还看不到网络媒体能改变传统媒体的迹象。而到了 2000 年，全美的网络用户数量激增到 1.322 亿人，也仅达到了美国人口的 47%。
- 不知道读者是否还记得，20 世纪 90 年的互联网还是用电话线拨号的方式实现上网。在将近 10 年的时间里，那时的人们只要上网就不能同时打电话。我自己就有这样的亲身经历，有时上网如果需要加载一张图片，等待时间就需要十几二十分钟，这时候就不得不两眼长时间盯着电脑屏幕，所以到现在我对"别接电话！"这句话还记忆犹新。

　　如果你出生并成长在互联网兴起之前，正如我们所知，这期间陆续出现了几种跟网络有关的、影响人们生活方式的革命性创新科技，分别对人类的沟通方式产生了革命性影响。比如手机改变了人们对传统电话的认识，摄像机改变了人们对影像记录的认识，电脑改变了人们对通信和文档处理的认识。所有这些科技进步，为在互联网领域借助数据线更有效传输图像，为手机能实现传送短信，为能把影像处理装置与电脑以及智能手机融合在一起，奠定了基础。从 20 世纪 90 年代后期至今，以上各种创新技术很快就逐渐融合发展在一起，并渗透到我们的工作和生活当中。

本书第六章将详细介绍快速发展的科技及其对职场代际管理问题的影响。要想了解这种影响，最重要的是要知道这些创新科技产生的过程，也是 20 世纪八九十年代以来，消费者被迫慢慢接受的过程。换句话说，那一时期"霸占"职场的两个世代的社交圈子较窄，后来才逐渐被出现的科学技术所改变。对于现在 35 岁左右或者更年长的人，他们最早是在各自工作和生活圈子里形成社交关系。即便是生活在大都市里的人们，其社交圈子无非由邻里、同学和朋友关系等组成，社交圈再扩大一点也就是家庭和同事等关系而已。除此之外，很难与别的群体建立关系。这样，圈子里的人累积起来超不过几百人，最多也就是一两千人。

在不那么大的社交圈子里，每个人能相对容易地找到自己的群体位置，知道自己的角色和定位，一个人之所以选择这样的群体环境，可能是主动选择加入，也可能是自然地融入。在这样的环境中成长的代际群体，可能并不喜欢在群体中的角色，但通常也能坦然接受现实。在这样的情境下，根据邓巴的"150 人"理论，这些职场老一辈人的社交关系一般发生在其周边的人。除了居住在外地的家庭成员，他们的社会关系多数是居住在同一地域。他们通常很难寻找到特定的人和职业关系，除非知道想找的人在何处，或者寻找的范围不大。

社交圈的全球化

谈论新生代的社交圈，同样也离不开他们所处的背景。在 1995 年，被称为"千禧"世代的年龄不超过 15 岁，也正是从这一年开始，互联网开始进入搜索时代并飞快发展起来，这个时期职场的新生代数量还很少。但也正是从这时开始，职场新生代们伴随着对各种新电子科技设备的熟悉和应用迅速成长起来。E-mail、智能手机、即时通信、在线视频等各种新兴的社交手段很快融合在一起，被越来越多的新生代们玩转掌心。在这种环境中成长起来的新生代们，根本想象不出 20 年前的世界是什么样子。

现在的职场新生代左手智能手机，右手 iPad，可以随时随地与全球各地的亲朋好友通过网络进行联络。在他们看来，世界就在网络的虚拟世界里，世界就在电脑和智能手机里；网络超越了现实地理区域的限制，把全球 70 亿人连接成一家人；网络是上苍给予这个时代所有人的一个大礼物。

一旦从网络世界回到现实世界，新生代反而会出现一些问题。由于虚拟网络世界很容易让人获得成就感和满足感，这些在现实世界反而需要实实在在的付出，不是那么容易获得。所以，在现实世界的全球 70 亿茫茫人海中，找到"邓巴的数字"定律的 150 人也不是件容易的事。不同的成长背景，使得新生代拥有与人分享信息的群体特质，这在超过 35 岁的其他人群中则不具备。

在 20 世纪 90 年代中期，社交网站开始出现并快速流行开来。各种个人视频开始在网络上出现，2005 年 YouTube 的问世使得分享视频成为常态。仿佛就在一夜之间，全世界每个人都在津津有味地谈论这些。

越来越多的人把自己的各种生活状态，随时随地传到网上跟所有人分享。上一代人把日记看作对自我的反思，并仅限于个人保存。新生代们对此则不以为然，他们只是把日记当作一种自我表达的形式而已，当然可以让许许多多的人来浏览。在他们看来，上传到网络的各种个人或家庭视频可以得到网民的"围观"，说不定还可以靠点击率挣点钱呢。这些人争先恐后地彼此分享，力求能收获众多网民更多的关注。据公布的数据统计，现在每天就有超过 1998 年全年总时长（大约 5100 万分钟）的视频被上传至 YouTube 上供人观看分享。这绝对是一个惊人的数字，我第一次看到这个数据时差点惊掉了下巴。所以说，现代人生活在众人分享产生的海量信息中，这种情形前无古人，后有来者。

我们在本书第一章提到过"选择困难症"，即患上这种病的人面对较多选择时会异常艰难，无法正常做出让自己满意的选择，导致对于选择产生某种程度上的恐惧。其实新生代们面对网络时也会如此，用这个来解释"选择困难症"再合适不过了。他们沉溺于用虚拟的网络与现实世界联系，还想得到别人实实在在的反馈。网络世界提供了从未有过的丰富内容，许多新生代在分配消遣、工作、兴趣等时间安排时反而比以往更难抉择，难免茫然无措并导致"选择困难"。

互联网把世界变得越来越小，让沟通变得越来越容易，使最大程度的分享成为可能。其实变化的是网络这种工具，不变的是沟通的本质。在社会交往中人们总是在有意无意地突出自己最亲密的亲朋好友圈子。我们总是在有选择地分享让别人可能产生"羡慕"的信息，我们总是会选择忽略不舒服的信息。这种做法一直存在，并不是因为互联网出现而改变，只不过互联网技术的出现使得信息扩散的范围更大、速度更快而已。

生活在互联网大潮中的新生代们无疑是幸福的，但他们也不得不面对一个有点儿尴尬的现实：在这个现实世界里，有很多人比他们有钱、有魅力、有魄力、有事业，房子更大、车子更好、地位更高。他们放眼世界看到的全都是比他们幸福和成功的人。而每天 YouTube 上都有 5100 万分钟的视频在"晒幸福"，这让他们有无力感和受挫感。简而言之，在提供各种便利的同时，现实世界也给人带来了"社交困难"和跟不上社会发展的双重压力。

当然，这些问题并不只是年轻人才有。相关研究表明，一个人在互联网社交网络上所花费的时间长短与不良情绪的形成存在相关性。有时我们会觉得自己的现实境遇比不上网络和影视媒体展示的世界，这种心理落差确实不同程度地存在于很多人心中，由此而导致的"选择困难症"偶尔会使现代人感到困惑和不知所措。

相对于其他人群，这种感觉对新生代们带来的影响更糟一些。新生代成长的网络社会背景，使得他们无法学习上一代人在现实中建立并发展重要社会关系的方式方法，面对网络虚拟世界带来的困惑，他们缺乏像其他世代那样自我调整的能力。请不要误会我说的话，我想表达的是：互联网是一项伟大的发明，它的好处谁都知道，但网络文化带给新生代们的心灵"伤害"也是客观的，主要表现为以下两点。

第一，在网络虚拟世界里存在太多的社交选择方式，这反而给新生代们选择并融入某个群体的想法带来了困难和障碍。在脸谱网的用户中，年轻人远比老年人的好友要多。27%的18—29岁用户的好友数量超过500人，而72%超过65岁的用户好友数量一般不超过100人。原因很简单，这是新生代们仍在试图寻找他们社交圈子的那"150人"。这可以解释他们职业生涯中跳槽转换工作的次数较其父辈少的原因。

这说明他们想寻找并融入一个有归属感的组织，说明他们想寻求并做到社交关系应有的忠诚。因为不了解在网络世界之外建立有效社交圈子的方式，新生代们可能永远无法表达这种困惑和无力感。但是，新生代们渴望找到一个有归属感的组织，这种群体心理被许多现实所证实：新生代们普遍热心参与各种社会公益活动和积极参与各种社团组织，他们乐于呼朋引伴并组织各种社交活动，他们希望尽可能在一家公司待得更长久一点，而不是动辄辞职走人。

第二，互联网在开阔了眼界的同时，还产生了一种消极文化，表现为让人很容易感觉工作不再那么有趣、有意义和有价值，这对年轻人产生的影响是负面的。说实话，要让每个人都觉得自己的工作和生活都有某种重要价值和意义，这肯定是不现实的。但上一代人的成长没有经历过互联网大潮的洗礼，在面对网络虚拟世界的困扰时，还可以用之前的生活方式来汲取心理能量，新生代们则别无选择。

有些人一边认为自己的生活方式"高大上"，一边对别人的生活方式不屑一顾，这显然让人无法认同。在这个被网络全面渗透的时代，闹市中有孤独，喧嚣中有寂寞。很多人一方面在享受这种狂欢，另一方面在需求他人的慰藉和支持，期望有人能拉自己一把以免于沉溺。

所以，在职场的忠诚度方面，新生代们至少不会比过去50年职场中的其他世代们低，互联网的出现反而让他们对组织更忠诚。事实是，职场新生代们不确定真正该效忠的对象是谁。

其中的原因其实很简单，你知我知，大家都知道。

为什么新生代让我们忧心忡忡？

有观点认为，职场新生代的忠诚度在降低，而以上的讨论却证实这种说法可能是错的，尽管它看起来似乎很有道理。但在现实当中，很多人感觉周围的年轻同事好像随时准备着要跳槽离开。我还听说过，有些人大学毕业之后不是着急找工作，而是回到家里成为"啃老"一族。在2012年《今日美国》（USA Today）刊登的一篇被广泛传播的文章中提到，一个年轻人在解释未能按时完成工作的原因时，理由竟然是"跟我的时间安排有冲突"。诸如此类的例子不胜枚举，这不得不让人怀疑，职场新生代们不是对努力工作兴趣不高，而是根本就没有兴趣。

我们之所以对职场新生代产生误解，原因很简单，不是新生代的职场忠诚度在降低，而是其他产生这种想法的人以己推人，因为他们自己的职场忠诚在降低。证据可见本章的图4.1和图4.2。

在图4.1中可以清楚地看到，除了年轻一代，其他所有男性的连续在职时间只在1983年有突然提高，而在过去的30年中均呈下降趋势。原因正如前面我们分析的，20世纪80年代前后，美国企业改革引发了公司"人力资源外包"和"组织结构再造"之风，并迅速成为之后三十多年全球企业界的潮流，这一变化深刻影响了职场中的劳工关系。有关这一点还有更多详细内容，但首先让我们看一下过去70年公司战略的历史演变。罗伯特·汉德菲尔德（Robert Handfield）博士在《公司人力资源外包概论》（A Brief History of Outsourcing）一书中指出：

工业革命以来，所有公司致力于通过各自竞争优势占领市场和增加利润。整个 20 世纪的公司发展模式，就是大公司"占有、管理和运营"庞大资产的历史。在 20 世纪五六十年代，大家公认的公司发展战略就是通过多元化经营扩大公司规模和实现规模经济。大量公司希望通过多元化战略来保证利润增长，为此它们不得不增加管理人员和内部的管理层级。产生的后果是，臃肿的组织结构和人员导致公司效率低下和活力下降，阻碍了这些大公司在 20 世纪七八十年代实现全球化的企图。之后，为了提升灵活性和创造性，许多大公司开始奉行专注核心业务的单一化战略，由此需要公司识别出关键流程，然后把其他非关键部分外包。1989 年之前，外包还不是一种正式的公司战略。公司业务外包也经历了从最初作为辅助服务到成为公司重要的正式战略的演进过程。90 年代，一些组织为实施成本领先战略，就把公司核心业务之外的专业职能分离出去单独运营。新成立的服务外包公司与这些公司签约，为它们提供会计、人力资源、数据处理、内部邮件管理、安保、设备维护等专业服务，承担了一个"好管家"的角色。当公司高管要改善财务状况时，外包策略就可以发挥出降低成本的重要作用。

简而言之，就是很多公司的战略已经从发展速度优先模式（占有、管理和运营尽可能大规模的资产）转变成效率优先模式（提升公司灵活性和创造性、专注核心业务等方式）。在速度优先的发展模式中，员工是必要的和不可或缺的要素，如果没有足够的员工为公司努力奉献，公司怎么能实现快速发展？但在效率优先的发展模式中，员工也属于公司运营成本的一种，一旦公司需要压缩成本时，削减人工成本（就是裁员）同降低物资成本没什么区别。

说完了职场男性劳动者，再来说职业女性。从图 4.2 分析来看，在过去 40 年，越来越多的女性进入职场，她们的职场忠诚度是在不断提高的，向伟大的女性同胞们致敬！

但是，我们要为她们鸣不平。尽管职场女性平均受教育程度高于男性（根据 2010 年的统计数据，美国职场女性中 37.1% 有大学文凭，高于男性的 34.9%）。而从事兼职的人群中，女性数量几乎是男性的两倍（26.6% vs. 13.4%），关键是女性的薪酬还低于男性（669 美元 / 周 vs. 824 美元 / 周）。众所周知，女性更可能选择从事短期或兼职工作，因此她们获得的社保福利一般较少。不幸的是，一些公司千方百计压缩成本的现实威胁，使得职场女性不敢轻易跳槽。

根据汉德菲尔德博士的观点（哲学家卢梭也有类似表述），雇主与雇员之间社会契约的内容和形式已经发生了变化，培养职场的高忠诚度已经越来越难。

你问为什么，因为忠诚是相互的，你对别人不忠诚，就不要指望对方对你多么忠诚！

忠诚是相互的！

忠诚从来不是凭空产生的。忠诚也不是说有就有，它的产生需要一个漫长的过程。随着一个人从毕业求职——正式录用——成为骨干员工——成为核心员工的变化，在这个过程中，员工和雇主经过无数次的彼此考验后忠诚才得以培养出来。当我们要求下属忠诚时，常常忘记了忠诚其实是相互的，那么，得不到对方的忠诚也就顺理成章了。

这个道理同样适用于我们的生活领域。如果你现在已婚，你们俩在第一次约会见面时就已经忠诚于彼此了吗？肯定不会！因为夫妻彼此的忠诚是慢慢形成的，其中离不开彼此的缠绵和相处。还可以说，孩子不会因为你收养或生了他（她）就对你忠诚，忠诚产生在父母辛辛苦苦养育孩子的过程中，出现在不计付出的教育和呵护过程中。总而言之就是一句话：所有的忠诚都来自于双方彼此的付出。

　　同样的道理，如果你对老板忠诚，那很可能是老板为此做出过努力。可能是他帮你解决了退休保障、报销了一笔不小的学习培训费用，或给了你一个欢乐的带薪假期；也可能是公司虽遇到困难但仍把你留下，并表示不管情况多么糟糕也不会抛弃你；还可能是老板在你的事业刚起步时，给了你足够的支持，让你吃了一颗定心丸；也许是公司对所有员工做到了一碗水端平，让你感觉到有一个公平的组织氛围。或者从最低层次上，公司向你承诺提供一份稳定的工作，于是在这样的情形下，你就慢慢成为公司的一名忠诚追随者。

　　从实践来看，但凡存在忠诚员工的公司，总能发现这个公司拥有打造员工忠诚的企业文化和具体措施。我们以军队为例，军队绝对是致力于鼓励和建设成员忠诚的组织。虽然可能是责任感和崇高的目的推动军人产生了高忠诚度，但军队不能仅依赖高尚的个人信念来维系忠诚。我们知道，军人为国家服役，军队给军人提供了教育福利、服役 20 年后的退休金保障、退役后的就业安置计划、军人家庭互助服务、食品和其他生活必需品折扣政策等福利和服务。这些措施是美国第五代军人仍保持强大力量的部分原因。在公司里也是同样的道理，不低的养老金保障、弹性的工作安排、给员工提供婴儿照顾等其他福利也是员工对组织忠诚的部分原因。管理者们不管在任何时候都要记住：忠诚是将心比心换来的，从来不是"要求"来的。

　　所以，我们可以得出结论：**马上要求新员工对公司产生忠诚的想法是不切实际的，员工对公司足够高的忠诚需要一个长期的过程。**

　　忠诚的建立需要时间，但不是说有了足够长的时间就万事大吉。老员工并不一定比新员工更忠诚。比如安然公司在因财务造假倒闭，刚刚丢掉饭碗的所有员工会痛定思痛，不管老幼都会对下一个老板马上表现出绝对的忠诚。

　　忠诚的形成与其说跟年龄有关——毕竟忠诚的增加需要时间的累

积，不如说跟一个人的经历和体验的过程有关。家庭成员之间、朋友之间、员工和公司之间忠诚的提升，需要在很长的时间历程中，双方共同去培养。一旦公司与员工之间的相互忠诚出现问题，不管是老员工还是年轻员工，他们做出的反应没什么区别，就像安然公司。

根据美国一家叫作工作—生活政策中心（Center for Work-Life Policy，CWLP）的智库机构的调查，在 2007 年 6 月至 2008 年 12 月间，宣称对公司忠诚的员工比例从 95% 猛跌至 39%，同时表示信任公司的员工数量从 79% 跌至 22%。显然，导致这一变化的原因除了全球金融危机，更直接的是这些公司糟糕的状况——很多公司开始一批一批地裁员，这对包括年轻人在内的群体员工的忠诚产生了很大的负面影响。调查表明，"婴儿潮"世代对此反应最为强烈。

爱伦的故事：职场忠诚为何下降？

就是在本章前面提到的那个爱伦，她在谈到自己所在公司的员工忠诚状况变化的原因时说：

我们公司有好几个年轻经理，在被精心培养小有所成后却无情地弃公司而去，我本来是想批评他们的，但是我知道其实错并不在他们，他们离开有客观原因。我们公司原来一直执行一项能提供丰厚退休金的福利制度，但自从公司停止了向新入职员工提供此项福利后，公司核心人才流失率就开始呈现上升趋势。这些另谋高就的同事要考虑自己的退休问题，也许他们在接下来 20—30 年的职业生涯中，每年收入至少要提高 5% 才能保证退休后的生活来源。

此外，那些能享受到这项福利的同事们，对公司的心态也发生了微妙的变化，大家开始认为，公司对员工的态度不如以前了。公司不再以员工福祉为重，而是把公司盈利状况放在首要位置。同时，工作升迁越来越难，收入也越来越不理想。公司高管在几年前的不明智收购决定影响了公司财务状况。现在公司告知我们，这个层级的管理岗位需要降低人力成本以弥补亏损。

> 如果在 15 年前，这种情形绝对不会发生，那时的公司不会让员工来承担这种责任。说句实话，这事儿影响了我对公司的忠诚，我现在有了提前退休的念头——这要是搁几年前，我压根不会这么想。很遗憾，我觉得公司不再像原来那样把我们员工当回事了，现在的我很难再对工作保持激情了。

所以，以上我的观点不是凭空捏造，而是铁证如山。不管员工的年龄大小和经历、资历深浅，如果你想让他们对组织忠诚且努力工作，那么你不要指望端坐在办公室，仅凭发号施令提要求，天上就掉馅饼！你要做的是先对员工有所付出，善待员工，然后才能赢得员工回报的忠诚。当你正在面对那些没有机会展现出对你的忠诚的人，你必须要努力去说服他们，而不是转而与和你同龄或年龄更大的同事和员工一起工作。对那些尚未被培养出对公司忠诚的新生代员工，不要因为其不佳的表现就另眼相看，这时管理者反而应该更努力让他们相信公司和依靠公司。他们只是暂时对公司还了解不多而已。

这是什么道理？在员工关系中，作为强势一方的公司应该主动把手伸向员工，不管是老员工还是新员工，公司应该做到让他们相信公司是值得被相信和依靠的。只要能做到这一点，员工们就会回报公司以种种的忠诚表现——努力奉献、积极工作和自觉维护公司利益等。

所以，要解决职场员工的忠诚问题，关键是看公司和老板是否做了让员工值得为之忠诚的事情！

从现实来看，真正这样做的公司和老板是不多的。

职场的前世和今生

在过去的85年，企业家们尝试过很多种方法来培养员工的职场忠诚。下面列举其中两个例子：

- 在 1929—1932 年美国经济大萧条期间，原本实施企业养老金保障的公司中，只有大约 3% 的工人没有拿到养老金，而在此期间，提供这项福利的公司数量反而上升了 15%（本书后面会提到，在 2008 年金融危机发生的时候，企业的实际表现与此相距甚远）。

- 1940—1960 年获得企业养老保障福利的公司员工从 370 万人增加到 1900 万人，超过了劳动者总人数的 30%。到 1975 年，这个数字增加到 4000 万，差不多覆盖到了 80% 的市场劳动力大军。

正是这样的公司行为，才换来了积极工作和努力奉献的忠诚员工。如果员工知道公司心里始终装着他们，"士为知己者死"，员工就会投桃报李，以卓越的工作成果回报公司和老板，更不用说会跳槽走人了。道理，有时候就是这么简单！

在 20 世纪 30 年代到 70 年代期间，所谓的管理"外包"还没出现，员工还不会担心工作岗位被公司外包出去，公司普遍提供养老金福利，并以此来吸引最优秀的员工。实际工资每年也都会有所增长。因为所有这些福利和保障，员工们感受到来自公司和老板的真心诚意，并回报公司以忠诚。

在这五十多年中，即便中间出现过经济衰退，有一些公司有时不得不裁员，但就整体而言，这时期的公司还是普遍为员工提供了越来越多的福利保障，当然也得到了员工越来越高的忠诚回报。

莎伦的故事：公司如何赢得员工的芳心

53 岁的莎伦在一家《财富》500 强公司工作，请看她给我们的介绍：

在我现在所工作的这家公司，有很多同事从参加工作就来这里了，有很多同事是全家都在这里工作。我的父亲在这儿干了足足有 35 年，我是步他的后尘进入这家公司的。说实话，来这儿之前，我从没想过要来这里上班。就因为公司承诺过让我们家过上好的生活，而且我对这家公司也知根知底且印象不赖。其实我最初的规划是去创业经商，但后来想，这家公司既然能让我父亲的职业生涯幸福，那我来这里工作肯定也没问题。一转眼到这家公司已经好多年了，我发现公司的领导真不赖，他们不但能带领公司快速发展，而且对员工和客户也是非常负责任。现在，我才真正理解我父亲为什么能在这儿坚持35年了。

对莎伦这个年龄的职场员工来说，这个案例非常适合用来解释公司如何培养高忠诚度的员工。当公司表现出对员工的关爱时，员工就会用忠心耿耿、卖命工作，以及身为公司员工的自豪感来回报给公司。

自1980年以来，公司和自家员工之间存在的和谐而活力十足的关系已经荡然无存，让员工安心的就业保障、全面福利制度、定期的升职加薪和较低的员工流失等，这些从20世纪50年代形成的良好和谐劳资关系的标志要么消失，要么大大缩水。在当今的职场中，不管是新生代还是老员工，都需要面对如下的残酷现实：

- 据杜克大学福库商学院（Duke's Fuqua School of Business）2012年的一项调查显示，75%的企业受访者承认，削减人工成本是公司海外业务外包的三个重要推手之一，而它被采纳的概率是其他措施的两倍。同样，尽管境外逐渐上升的人工价格使人力成本差距在缩小，但也只有4%的大公司准备收回外包的岗位。

- 在2000年8月至2004年2月期间，制造业岗位已经连续43个月减少，创下经济大萧条以来的最长纪录。自20世纪90年代以来，共有超过800万的制造业岗位被转移外包到美国境外。

- 据美国商务部的数据，美国的大公司们（雇佣总人数占到全部工人的20%）仅2000年就削减了290万个国内岗位，在境外则增加雇佣岗位240万。

- 美国中产阶级家庭数量曾在1999年达到历史最高。由于需要对抗通货膨胀，自2007年以来，这个数量每年都在减少，直到现在再也没能够恢复。

- 在 1983 年，全美有 175413 家公司实施养老金福利，到 2008 年这个数字就减少到 46926 家。1998 年的时候，90% 的《财富》100 强公司让新员工参与固定收益分享计划，这一数字在 2009 年减少到 19%，2013 年减少到 11%。

- 据怡安翰威特咨询公司（AonHewitt）2011 年的一项调查，全美还在实施传统养老金福利制度的公司中，只有 44% 的公司允许新员工享受这一福利。

- 现在，全美有多达 25% 的岗位年薪酬低于 23050 美元，这个收入也是美国联邦政府规定的四口之家的贫困线。

- 自 20 世纪 70 年代以来，全美劳动力市场短期雇佣数量屡创新高，从 80 年代的每天 40 万人次增加至 2000 年的每天 300 万人次。

- 自 20 世纪 80 年代中期以来，全美合同制工人的数量增加了 5 倍。另一方面，2014 年有 42% 的公司还会坚持以临时雇工或合同制用工的招聘策略。

- 在 2008 年金融危机发生前后减少的 880 万岗位中，其中 60% 的岗位薪酬在每小时 14—24 美元。2009 年以来，危机后重新恢复的岗位只有 27% 的薪酬保持在每小时 12—21 美元，58% 的新岗位收入下降了。

不要吃惊，这就是残酷的职场现状，跟前文中爱伦说的一模一样。劳动者被鄙视，且被认为要价过高，公司千方百计压缩人工成本。或者说，劳动者报酬就是一项必须要压缩至最小的公司运行费用。现在人们普遍把工作看作一种养家糊口的手段，这种看法真令人悲哀。职场中用于培养忠诚的激励和保障措施（主要是工作岗位保障和全面福利）被取消殆尽，所以从公司高层到基层，所有人不再对职场忠诚心存妄想，也没有人能估量出，这产生的负面影响究竟有多大！

残酷的现实不仅如此。职场新生代们虽然对以上这些有所了解，但他们可能还不知道劳资关系现状已经淡漠到了何种程度！

客观认识今日职场

职场很残酷，进入需谨慎？不！没那么可怕。现在的职场新生代对稳定的工作岗位、丰厚退休金和健康福利、全面薪酬等这些东西，或许只在梦里听过。新生代员工进入职场是在 20 世纪 90 年代后期，正是互联网泡沫破裂的时候，也是以上各种激励和保障福利措施被逐步取消的时候，所以，对他们来说，像大裁员、岗位外包、自动化设备替代人工，还有各种像安然公司造假丑闻、中产阶级数量变少等信息，对他们来讲已经习以为常，见怪不怪了。相比 10—20 年前，随着各种新媒体的出现，他们对此类信息已经可以说无所不知，无所不晓了，不用担心吓着他们。他们中有些人就可能亲眼见过各种冷冰冰的现实，比如亲朋好友被公司以"管理优化、提质增效"等名义从岗位上裁下来，因此，他们也对此心存提防，以免自己受到这样的伤害。

哈拉的故事：忠诚的"回报"

31 岁的哈拉是一家汽车服务公司的专车司机，他出生于阿富汗，11 岁就开始出来工作，在他 17 岁时全家移居美国。以下是他的自述：

我刚到美国时，不会说英语，也没上过一天学，但现实需要我出去挣钱养家。没办法，我只好开始自学英语并到一家三明治商店打工，拿的是最低工资。由于我干活踏实，为人实在，很快被提升为分店经理，后来又升任管理 6 家店的区域经理。现在我已经工作 8 年了，这期间从来没想过换地方。我喜欢现在的工作，我很满意这个工作。

直到有一天老板卖掉了公司，新老板刚一接手，就告诉我他儿子会顶替我的岗位，请我另谋高就。我忠心耿耿为公司干了 8 年，到头来却一无所有！关键是我有包括妻子和孩子在内的一家 5 口人要养活。

后来我找到了这份开车的工作。我来这儿工作已经两年了，还不错，老板和同事都对我挺好的，我又可以挣钱养活全家了。说句实话，我每天都在担心一件事情，就是会不会哪一天新的老板到来，还会让我丢了工作。现在的老板告诉我不用担心，但我不敢掉以轻心，这事儿已经发生过一次了。

我觉得能来美国是幸运的，但现在的社会地位让我很痛苦，我不知道该怎么走下去。

沃尔特的故事：轻信口头协议的教训

33岁的沃尔特是一名检察官助理。25岁那年从法学院毕业，做了几年公诉人，后来成为一名私人执业律师，再后来他又重新回到政府担任现在的职务。以下是他的自述：

我28岁时，遇到一位自称不久后就想退休的大律师，正寻找一个能将来接手律师事务所的接班人。那时我已对公诉人工作心灰意冷，正想换个地方，他给我看了事务所的账目，并承诺让我3年后就可以接手整个律所。这简直是天上掉馅饼的好事，所以我辞职后投到他麾下。

我们之间没有就此签署过任何法律文件，后来证明这是个悲剧。事实证明我犯了一个多么可笑的低级错误！尤其是作为一名律师！当时我毕竟年轻缺少阅历，选择轻信了他。我为他卖命干了两年，这期间他也教会了我很多东西，他也经常跟我叨叨即将到来的退休生活——一切看上去都在按计划进行。

突然有一天，他丢给我一纸合同，内容大意是可以把律所卖给我，但有条款要保障他在今后10年中每一年可以获得一笔固定的丰厚回报，这样他就可以从生意场上抽身去享受生活了。他的本意是虽然把律所卖给我，但仍要继续从中分钱，这跟我们当初的约定完全不是一回事儿。我的律师朋友们也认为这个要求不仅离谱，而且对方一旦违约闹上法庭，处于不利地位的是我不是他。我对此感到很窝火，但也毫无办法，谁让我们当初没签订一纸文书呢。

最终我没有答应他的条件，3个月后，他趁我休假时把我解雇了。我曾经把他当做我事业道路上的贵人，但我错了。这件事对我的打击太大了，之后我失业了将近1年的时间，最后才振作起来，努力找到了现在这份公务员的工作。反正天上掉馅饼的事儿我以后是不会相信了，除非上帝在扔馅饼给我之前跟我签了协议。

此外，职场中经常是新老员工在一起合作共事，因为众所周知的原因，老员工们通常享有各种福利，没有这些福利的年轻员工不是自己工作不够好，只是没赶上"好时候"而已。对老员工们维持退休生活的那些福利待遇，新员工从开始工作时就没指望过。

当看到一家公司以前提供各种各样的福利待遇，但现在对新员工却停止实施，他们会怎么想？除了认为这家公司不再像过去那样关爱员工，还能有其他更合理的推测吗？对公司不断增加的人工成本和彻底不见的公司付费的健康保险计划等现象，新生代除了解释为公司不再注重对人力资本投资的信号，还能有其他更好的说辞吗？

综上所述，新生代会得出一个结论：虽然他们和职场前辈干一样的工作，但得到的回报却有少有多。想象一下，如果有一天老板走到你跟前，告诉你："你也知道现在的经济不景气，工作还是让你来干，但从下个月起，工资要降15%。"你会怎么想？用脚后跟想想都会知道，你对公司的评价和忠诚不降低才怪！

对于职场出现的这些变化，有很多人给出了各种合理的解释。比如全球经济发展的趋势要求企业只有采取外包，才能降低运行成本以保持国际竞争力；企业实施退休金改革才能有效应对职场的劳动力人口形势的变化；企业用自动化设备代替人工是为了满足消费者对商品价格降低至合理水平的需要。没错，这些说法都有道理。

但对员工来讲，这些道理都不重要，重要的是数量庞大的劳动者群体都一致认为，公司和老板们不再关爱他们了。他们只相信自己的眼睛！

新生代员工其实想对组织忠诚，这一点本书前面已经证明了，千万别搞错了！不过新生代不是人云亦云的傻瓜，你说什么他们就信什么。

他们对现实有自己的观察和判断，所以，他们是带着对公司和老板们的质疑开始其职业生涯的。这种信任缺失的价值观，使得多数情况下公司对他们的说教变得苍白无力。

现在的新生代一入职场，就不再相信老板和公司会对他们负责任。这就在很大程度上解释了为什么新生代在职业适应期内，既没有立即展示出忠诚，也没表现出努力工作的任何迹象。他们只是不想，突然某一天曾为之投入过努力和热情的岗位被公司外包出去，或者被机器一夜之间所取代；他们只是不想，作为一名合同制雇佣员工努力付出之后，到头来却被告知公司因财务状况不佳，不能将其转成享受全面福利的全职员工。他们只是希望自己的付出能得到公平合理的回报，这种想法没什么不对。

如果你认为公司员工的忠诚和工作努力程度不如预期，那一定是你的所做所为造成的。员工有员工的问题，这些内容本书会在第五章中介绍，但肯定也有公司和老板的问题。管理者应该告知所有员工他们对现实职场的看法是不全面的。如果想让员工对公司忠诚，公司就必须用实际行动去争取员工的认同，就现在而言，除此之外，别无良策。

培养员工忠诚的良策

本书前面探讨了忠诚的相互性、影响忠诚的主要因素，以及职业道德水平下滑等。但是，如果你能认可和接受这些观点，希望你不要被现实世界弄迷糊。如果这一切是真的，那么在过去30年，全世界的职场似乎都找不到忠诚和勤奋的员工了。

你把这个事情想得过于复杂了！我来告诉你该怎么做。

第一，你必须跟你的员工站在一个战壕里。记住，解决代际管理问题的第一步是找出新生代和其他员工的共同特点。在解决员工忠诚和敬业问题时，就能找到共同语言。

职场两大群体对职场认知的共同点

1. 不管年龄大小和职位高低，所有人都期待忠诚于某人或某事。

2. 不管年龄大小和职位高低，所有人都期待得到他人的忠诚。

3. 所有人都相信，能否建立忠诚取决于亲身体验。当感受到对忠诚实实在在的回报时，忠诚就会慢慢提高；当感受到付出的忠诚毫无价值可言时，忠诚就会慢慢降低，即忠诚是双向的互利交流，而非一厢情愿。

4. 所有人都在寻找对雇主忠诚的理由。因为老板们在得到员工的忠诚后，就喜欢过河拆桥，不再继续对员工付出，这样的情况简直太多了。

从上面可以看到，新生代和其他世代在工作方面的"三观"的差别不像原来想象的那么大，大家在一些方面都有相同的动机，对职场都用相同的思维方式去应对。

第二，要搞清楚不同世代员工思维和行为方式的根源。从表现来看，新生代和资深的其他世代同事们的忠诚表现差别很小，相关的影响因素也很简单。

解码新生代及职场"年轻人"的思维和行为方式

1. 职场新生代要比职场前辈更热衷于建立各种人际圈子。部分原因可能是成长在这样一个海量信息充斥的网络社会，在现实中反而更难准确地发现并找到自己的社会位置。所以，新生代会积极去寻找可以付出忠诚的一些人和组织。

2. 正如本书前面所说，大公司纷纷取消了与培养员工忠诚密切相关的各种福利，而新生代恰恰成长在这一过程中，这使他们不得不对此心生防备。

3. 新生代进入职场时间普遍较短，他们还不确定现在的东家值不值得"托付终身"。

解码职场"老家伙"的思维和行为方式

1. 多年的工作经历，已经让他们明白了付出总有回报的道理。

2. 在他们早年的工作经历中，员工和公司相互忠诚是普遍现象，他们现在对此仍深信不疑。

在看到以上这些内容之后，如果你所在的团队、部门和公司存在员工忠诚问题，相信你已经找到了更好地处理此类问题的方式。

当职场前辈对你的工作不积极努力表达不满时，这时候你应该做的不是吵架，而是站在对方角度搞清楚他们之所以这么想，是因为年轻时努力奉献得到了回报，所以他们相信别人也是如此。当你对职场新人的工作消极感到不解时，也要去理解他们，他们只是还不确定公司是否值得付出忠诚，他们只是不想被利用而已，你懂的。

你一定听说过这样的话：员工离职不是因为公司不好，往往是因为主管不好。多项调查结果可以证明，员工的工作满意度有两大非财务的影响因素：即员工与直接主管的人际关系和员工与直接同事的人际关系好坏。人的社会属性决定了所有人都想和他人建立各种联系，在这一点上，新生代和其他世代没有任何区别。但是，如果我们的人际交往范围只限定在150人，又怎么能保证更好地被他人所接纳和重视呢？

方法其实很简单，想一想我们的家庭和朋友是怎么做的吧！秘笈就是将心比心，诚心待人。如果想得到别人的忠诚，如果想赢得下属的努力工作，管理者就要让下属和合作伙伴感受到你的真诚和关爱，而非将他们视为赚钱机器。这个道理适用于所有职场人。当员工感受到公司和管理者对其职业和生活的诚心关切，当他们相信关键时刻你能拉兄弟一把，"士为知己者死"的忠诚就一定会出现。相反，如果他们相信你只要一找到更合适的替代者就马上炒掉他，他们也会跟你一样，一旦找到合适的下家就会拍屁股走人。

当然，可能你们公司还保留有退休金等优厚福利，你们没有对新生代员工区别对待，你们坚持没有实施人力资源外包，也就是说，你们在培养员工忠诚上付出了很多。但即便这样，仍然还有很多方法来更进一步培养忠诚、奉献和努力付出的员工。

以下就是向诸位介绍的好办法。如果你是一位职场老手，这些办法可以告诉你怎么赢得新生代的爱戴；如果你是一只职场菜鸟，这些办法可以告诉你高忠诚会给你带来何种好处。关键是这些好点子都是免费的！

不花钱赢得员工忠诚的好办法

- **新员工报到第一天就帮他们印好工作名片。**或印制专属的带公司LOGO 的 T 恤，或准备好精美的员工名牌，或者采取其他你认为能马上让员工产生归属感的任何措施。

- **给新人一个在所在部门或团队成员面前报告其所擅长工作的正式机会。**这将能表示出对他们工作和能力的尊重和认可，这也是向同事们证明新人足够优秀的意思。如果每个新人能通过这样的方式，让部门或团队的同事们相信他们的能力和价值，这也被认为是一种最好的培养团队精神的办法。

- **要在最短时间内记住新同事的名字，记得每次打招呼时叫出对方的名字，尽可能多地给予鼓励和支持。**这种对新员工多一些的关照可能会让老员工不舒服，这其实大可不必。老员工常常抱怨新员工总是用装可怜来博得关爱。其实，原来的各种优厚的员工福利都被取消了，给他们多一点关爱还算过分吗？他们只是想得到来自外界的一点重视而已！向他们传递一点关注和认可真的很难做到吗？现在的职场，工作岗位稳定性大不如前，这时候对员工降低关注很容易被新人误解为是炒鱿鱼的信号。

- **如果你是一名管理者，记得要告诉所有下属，只要他们需要你就会挺身而出并仗义相助。**尽管这与代际管理无关，但所有人都想知道他们付出忠诚的对象，在关键时刻会不会挺身而出保护他们。不要认为下属心里都已知道你会这么做，记住，一定要亲口说出来。

- **定期向下属征求对工作的意见和建议。**所有人都有自己的想法，也都愿意应用到工作中去。所以，当你提出一项新方案时，不妨广泛征求周围人的想法，即便最后他们的建议未必会被采纳，要记住这时候主动、虚心的态度是很重要的。

- **用制度保证给所有员工提供施展才华的机会。**据人力资源经理协会（Society for Humam Resource Management, SHRM）2012 年公布的一项工作满意度调查报告，相对于工作岗位稳定以及全面薪酬，职场员工更看重能有机会发挥个人能力。当一个人能有机会展示个人才华时，他们会产生成就感并获得价值感，进而在这样的场所继续工作下去。如果管理者不了解下属的工作能力和优势，那就直接去向其请教吧。

- **记得每周或每个月定期邀请同级和下级一块吃顿饭。**这就不要分老同事还是新同事了，这么做会让他们觉得你没把他们当外人看——这可是培养员工忠诚的关键哟。此外，如果没有在酒桌旁边共度的时光，你永远不可能知道他们的某些才艺。

- **记得向公司的老同事们调查他们能与公司共进退的理由。**当然他们可能会随口应付你："因为老板给我工资呀""因为我还没找到更好的下一家啊"，等等。但你最终会听到他们发自内心的答案，像"这是一家好公司""在我因病休假时公司并没有抛弃我，这家公司有良心""这儿有人情味"，等等。如果老同事们的回答显示出他们对公司的忠诚，这时也是一个公司向员工表达荣辱与共、共同进退，让员工感受到关爱的绝佳机会。同样，如果你也想培养新生代员工对公司的忠诚，那么，此时主动把这些与他们分享，将是一个很好的机会。

- **如果你是一名主管或经理，记得要主动询问员工除了公司提供的工资福利之外，他们还需要什么支持。**在管理实践中，只有不到 40%

的管理者问过这个问题。如果连这个都做不到，你还怎么能指望员工被激励好好干？管理者和员工想法的错位，是一些管理者不这样做的一个主要原因，管理者通常认为员工只在乎公司提供的工资福利的多少，而实际上员工除了在乎这些之外，还有是否得到精神上的满足感。如果不问这个问题，你就无法知道员工的精神和心理感受，如果不知道员工的精神和心理需求，你就无法做到有针对性地培养员工的忠诚。

● **记得为新员工配备导师或实施员工导师项目。** 2006年，太阳微系统公司（Sun Microsystems）公布了一项持续5年之久的研究结果，该研究对象为1000多名参与公司导师制度的员工，他们分别为导师和学员。如果把员工保留率看作衡量员工忠诚度的指标，那么就可以说实施导师制度是提高员工忠诚的一种明显有效的方法。数据显示：这项活动中72%的学员和69%的导师在这5年中没有流失，高于没参与这个项目的员工49%。可以看出，导师和学员的忠诚均比未参与的员工大幅度提高，当然如果工资也能同时提高一些，效果会更好。①

● **记得告诉上司或其他高层领导，你打算和这家公司一直共同奋斗到底！** 新员工出于对公司发展前景的不了解，一般不会这样想，更不会这样表达。他们想到的是大不了换一家公司，或者重回校园读书，或自己创业，或再找一个更好的工作等。但是，年轻人要记住一点，我们不了解明天会怎样，但这么做不影响我们对忠诚的追求，只是要记住应该对谁表达，然后要做的是一定要把忠诚落实到行动上。

切记，不管是"年轻人"还是"老家伙"，职场中任何人都一直在

---

① 太阳微系统公司的研究还发现了一个似乎有悖常理的结论，就是员工导师项目对高绩效员工产生的作用最小。研究者据此建议：太阳微系统公司应该向绩效不佳的员工提供更多资源支持，以帮助他们提升绩效水平。

期待赢得老板的忠诚。公司和老板们应该做的是让他们相信没有选错对象，这样就会培养出一支想象不到的更加忠诚高效的员工队伍。

以上所述就是忠诚的本质及其对职场忠诚的影响。搞清楚这些真不是一件容易的事儿。接下来，你会认为此书不会剩下多少内容，继续看下去应该没多大意思了。等你发现并非如此时，你可能会有点儿生气呢。

希望你已经明白，驱动忠诚形成的关键因素与我们设想的代际管理问题并无多大关系。忠诚的高低与员工属于哪个世代无关，而是与作用于不同世代群体的管理制度产生何种效果有关。

如果你已混迹职场多年，你可能会注意到，公司对你的要求是低于职场新人的，原因很简单：老板的角色就是创造有助于形成员工忠诚的环境和氛围，老板还自认是比员工更资深和工作更老练的角色，职场的"老麻雀"们同属此类。但在本书第五章，这个现象将被职场新生代所终结——这样做对大家才是公平的。如果想一劳永逸地解决代际管理问题，这样做才合情合理，不是吗？

这个重任落在职场新生代肩上，新生代们初生牛犊不怕虎，敢想敢干，他们有在最短时间内升职的念头，其他世代的"老家伙"们不可能有这样的想法。很明显，现在的年轻人颠覆了我们按照常规逐级升职加薪的传统看法，这些新观点可能正是产生职场代际管理问题的其中一个重要因素。还记得第三章中的那些小测验吗？如果当时测验结果表示你是职场老麻雀，那么，你就有资格和我一起讨论职场年轻人的个性思维和行为方式，以及怎样帮助他们。

如果你的测验结果是职场菜鸟，准备好接受职场的残酷现实吧！

与职场"年轻人"共事的策略

1. 在新员工报到第一天就帮他们印好工作名片。

2. 给新人一个在所在部门或团队成员面前报告其所擅长工作的正式
   机会。

3. 要在最短时间内记住新同事的名字，记得每次打招呼时叫出对方
   的名字，并尽可能多地给予鼓励和支持。

4. 如果你是一名管理者，记得告诉所有下属，只要他们需要你就会
   挺身而出并仗义相助。

5. 定期向下属征求其对工作的意见和建议。

6. 记得每周或每个月定期邀请同级和下级一块吃顿饭。

7. 如果你是主管或经理，记得主动询问员工除了公司提供的工资和
   福利外，他们还需要什么支持。

8. 作为导师，向你的下属提供服务，或者制订指导计划。

9. 用制度保证给年轻人提供施展技能和才华的机会。

与职场"老家伙"共事的策略

1. 如果你是一名管理者，记得告诉所有下属，只要他们需要你就会
   挺身而出并仗义相助。

2. 定期向下属征求其对工作的意见和建议。

3. 邀请你的同事和员工每周或每个月定期共进午餐。

4. 询问你的同事和员工他们与公司长期同舟共济的原因。

5. 如果你是主管或经理，主动询问员工除了公司提供的工资和福利外，
   他们还需要什么支持。

6. 用制度保证给你的员工发挥技能和才华的机会。

7. 告诉你的经理或其他高层领导，你打算和这家公司共同奋斗到底！

第五章 职场成长秘籍

到现在为止，不知道你是否还会把这本书坚持读完，这本书后面的内容会更有价值，那就是关于如何建设培养忠诚员工的企业文化。

但是，忠诚的员工并不一定保证是高绩效的员工，忠诚只是影响员工工作努力与否的因素之一。当开始向员工灌输"拼命工作"的价值观念时，管理者需要做好心理准备：员工会马上接受并付诸行动吗？

如果你从未抱怨过现实中一些人马虎的工作态度，那可能是你的工作本身不需要同他人合作。但是，你在上高中时肯定参加过学校分派的集体劳动吧，如果小伙伴们贪玩，让你一个人把活儿全干了并且没被老师发现，那么你当时肯定因为此事回家后向父母抱怨过。

这种事儿估计在工作中也难免发生，但是这个时候，我们的感觉会因人而异且变得有点儿微妙。如果这些家伙的资历跟我们相当，我们会觉得这种情况也可以接受。但是，如果这些家伙的资历比我们明显更深或更浅，我们的看法会开始变化。

这种微妙的看法可以用以下两个故事来描述。

巴里的故事：我怎么看待年轻一代的工作观念

51岁的巴里在一家材料运输公司上班，公司主要制造叉车和其他仓储装备。作为公司中拥有20年工龄的老员工，他最近被一些新入职的同事搞得有点心烦。以下是他的自述：

公司今年招聘了几个 20 多岁的年轻大学毕业生，之前我们这里很少有"天之骄子"来工作，销售和车间操作岗位更不用说了。对于他们诸如不屑于"努力工作""干好工作争取升职"等工作观念，这是社会给他们"千禧"世代贴的标签，我们事先有所警觉。但是通过观察发现，他们的表现仍然让我们这些管理者大跌眼镜。

并不是我想给他们贴上标签，但有些职业顾问、教师和他们的父母对他们的印象是：这些家伙要求每周工作五天，每天工作 5—8 小时且年薪 10 万，只是因为有一张大学文凭。相对于网络社交，他们对于职业的忠诚和奉献意识显然要淡得多。

举个例子，我们刚刚招聘了两个小伙子，分别是 25 岁和 24 岁，他们原来做的是收入不高的零工。从前 3 个月的试用期表现来看，他们两个对这份工作既感激又期待。在被分到新岗位之初的表现让大家非常满意。但仅仅 4 个月后，这两个人就开始不断地询问啥时能被提拔到管理岗位了。仅仅因为年龄大的同事不熟悉新电子设备和网络，这两个家伙就毫不掩饰他们所谓的优越感，导致几乎没人理睬他们两个。

放心，公司还在雇用这两个家伙。公司现在所做的就是让他们能按劳取酬，以及尽可能引导他们有一个长期的职业规划。但让我们有点儿担心的是，他们对工作的无所谓和缺乏激情可能会让这份工作干不长。

兰德尔的故事：我怎么看待老员工的职业道德观

33 岁的兰德尔在一家仓储公司的后勤保障部门工作，他和前面提到的巴里工作的单位差不多。尽管他们并不认识，但两人在对同事的看法上有共同点，只是对象不同而已。以下是他的自述：

我身边有一个古董级别的同事，他还有几个月就要退休了，实际上他只是在混日子，直到那一天（退休）到来而已。我们都是每天 8：30 上班，他呢，常常是磨蹭到 9 点甚至更晚。因此，我们大家只好先帮他把工作干起来，当我们在处理客户的问题时，他的客户经常找不到他。如果碰巧遇见了客户，他也会找机会溜走一会儿。他经常把时间浪费在溜须拍马或自己的私事儿上，所以有些人对他的印象还不赖。对于这个心里已经在憧憬退休生活的人，我可以不介意他还剩下的几个月时间，但是如果他还是这么对待工作，公司就应该换一个能胜任的人来代替他。当然，他可以继续领属于他自己的薪酬福利，但他已经无法胜任这项工作，我再也不想帮他善后了。

对以上巴里和兰德尔的故事，相信不少读者会产生共鸣。对于一个有一定工作资历的人而言，可能对巴里说的话感受更深，而如果是一个初入职场的年轻人，可能会对兰德尔的话比较认同。所以，资深或经验丰富的职场人士会永远诟病新生代或资历不深的年轻同事的闲散、懒惰和志大才疏等；而反过来年轻人会屡屡抱怨老家伙们安于现状、不求进取等。你会发现这种相互指责有一个共同特点，就是批评对方工作不努力。

在这些故事中，你会发现在职场中产生经常性冲突的主角是两大群体，而不是我们所说过的 4 个世代。道理很简单，如果你是一个传统世代，你不会对"千禧"世代和 X 世代的职业道德提出批评和质疑，因为在你眼里，他们莽撞和懒惰的标签已经被贴上了。如果你是"千禧"世代或 X 世代，你同样不会对"婴儿潮"和传统世代同事们提出看法，因为在你眼里，他们已经是被黄土埋了半截了。看到没有——这不就是我们所说的两世代模式吗！

所以，关于如何解决职场代际管理问题，就产生了两种截然不同的观点。但是这并不是说职场就是由懒惰的新生代和日薄西山的老家伙所组成。尽管职场中确实有那么一些不思进取和缺乏活力的老员工，但职场中莽撞且对努力工作缺少意愿的新生代们恐怕是一个更大的问题。正如我们前面的分析，当今职场对新生代员工工作态度的影响是负面的。显然，职场没有提供让他们产生归属感的环境，没有给他们产生足够忠诚的理由。新生代们仍然认为，职场是一个展现自我的地方，而非一个归属，要不然怎么会入职仅 4 个月就想着升职呢？

　　相比较而言，导致职场新生代的工作价值观貌似颓废的主要原因有两个。第一，当今职场中除去新生代之外的其他员工或者是从进入职场就有健康的工作价值观，或者是进入职场不久，就迅速认识到了健康工作价值观的重要性。我们可以对 1950 年、1975 年和 1992 年进入职场的员工的工作价值观念进行回顾，就会发现他们的工作价值观念呈现阶段性的变化，这种变化仍在继续。那些对工作愿意努力奉献的员工被公司留下、提升，得到了很好的职业发展。而那些对工作不愿意努力付出的员工或者早就被解雇了，或者被劝离另谋高就了。道理很简单：大部分职场老员工之所以看上去都有忠诚敬业的工作价值观，是因为那些不认同这种价值观的人早就被淘汰出局了。

　　第二，职场新生代认为，他们成长在科技主导的社会环境中，科技主宰了人们的工作和生活。显然，这种看法是有偏差的。在这一方面，任何一个职场前辈都有足够的资格来现身说法，教育职场中的年轻一代。

　　对于当今职场里的年轻人，其实……我也想说说我自己的感受，你们愿意听吗？

职场"老麻雀"的秘密

　　这一章的内容是专门写给年轻人的，但对所有人都有价值。

　　职场新生代之所以有时对老资历的同事有意见，恐怕是因为觉得他们挡了年轻人的路。总会有一些人认为，他们甚至是故意挡住了年轻人的晋升之路。老实讲，这种看法虽然有失公平，但也不无道理。如果双方互换位置的话，结果应该没什么不同。

　　其实，"老麻雀"是相对而言的！

　　也许让你认可这一观点很难，毕竟在年轻人眼里，他们的确属于"老家伙"。看看你周围有没有一个老人，请你仔细地观察，看看他们的鱼尾纹、日渐稀疏的头发、老花镜、拐杖、养生保健品、驼背和松弛的皮肤，等等——

他们的确是老了。好像从我们认识他们的第一天起，他们就已经这样老了。

但如果我告诉你，这可能是一个假象，你信吗？人们有时可能忘记了，衰老是一个漫长的过程。同样的道理，在一个孩子慢慢长大的过程中，我们也会不记得他究竟是在 5 岁、8 岁还是 13 岁时长大起来的了。

还是举个我自己的例子吧。有图有真相，请你看看下面的照片——左边的这张是我现在的样子，而右边的这张是我上 9 年级时的样子。同样的道理，我们周围的老同事们，他们也是经历了从青葱少年到逐渐成熟的过程的。

请你不妨好好看看这两张照片，不知你有何感想。

左边这张看上去是体面的，对吗？我自认为颜值还可以！我的穿着还算得体。说不定仅凭这张照片，也会有哪家公司选择雇用我，这并非没有可能。

再来看我 9 年级时的那张照片，是不是显得有点儿凶？看到它的第一眼你会想到什么？可能你会关注到我个性的发型：那是模仿香草冰乐队（Vanilla Ice）的流行发型，让我的脑袋看上去像个火炬，当年可是会吸引很多女孩的注意的（想当年，保持这个发型每天要花费我至少 40 分钟的时间）。

你也会注意到我要酷的表情——处于青春期的孩子哪个不这样呢？还有，就是我穿的衣服，也会让现在的人觉得个性十足。看到我脖子上戴的链子了吗？项链底端挂着一条抓着一个水晶球的恶龙，太搞笑了！其实我根本不喜欢这个，当年这么做的唯一理由就是那时候年轻而已。现在，《权力的游戏》[①]（Game of Thrones）系列电视剧正在热播，里面有很多这种形象的龙，不过风头还是被我的"时髦"发型盖过了。

20 年过去了，当初那个青涩的小伙子变得越来越成熟，如果当年是一个青苹果，那我现在就是一块精美的奶酪啦。

重要的事情说三遍：经验！经验！经验！

我能随着时间发生改变，所有的职场人都概莫能外！由此可以得出成功和幸福的职业发展的第一条规律：**没有哪个职场人士是在一夜之间成熟和成功的。**

这句话乍听上去很简单，但是道理确实如此。假如你刚入职一家公司，看上去公司同事们的工作，好像一个个都在重复昨天的内容，其实不然，他们都是因为经年累月的努力工作，才有了现在的位置。如果当初是选择到另一家公司，他们也会同样年复一年地努力工作，以逐渐提升工作能力。

假设你是一个有雄心壮志的新生代，或者你还是一个渴望被认可的职场新手，对干好工作自信爆棚。这种对工作技能和能力素质的超级自信，正是年轻人的基本特点之一。我们很多人都已经忘记了，每个人当年几乎都是这么过来的。恰是如此，让我们越来越无法理解年轻一代同

---

① 《权力的游戏》（Game of Thrones）改编自美国作家乔治·R.R.马丁的奇幻小说《冰与火之歌》系列，是美国 HBO 电视网制作推出的一部中世纪史诗奇幻题材的电视剧。——译者注

事的想法，从而也使得我们与他们之间产生了代际冲突。

即便你自认为是公司最聪明、最能干，能力最强的人，如果不能有所表现，也是没人相信的。评价一个人的职业发展主要是看资历，而不是年龄，尽管资历的积累通常伴随着年龄的增长。无数事例证明，资历和年龄的增长并不是完全对应的关系，以科技领域为例，往往越是资深人士越年轻。但是，职场中的年长员工通常不这么想，他们常常以年龄来判断一个人的资历高低，并以此作为选拔任职的重要标准。一般情况下，职场是按照能力和经验而非年龄来招聘和选拔员工的。

所以，过分夸大年轻人在职场中的作用并不明智。在同样的条件下，年轻人要比其年长 10 岁的同事阅历和经验差很多。

职场 "10000 小时" 定理

马尔科姆·格拉德威尔在他的《异类》一书中，提出了著名的 "10000 小时" 定理，即只要投入足够的功夫和时间练习，那么就能在几乎任何领域达到精湛水平，成为专家级人物。这个理论的基础来自于美国心理学家安德斯·埃里克森（Anders Ericsson）的研究成果。埃里克森及其合作者当年以柏林音乐学院小提琴专业的学生为研究观察对象，把学生分成三组，第一组被老师认为具有 "大师" 级水平的潜力，第二组被认为具有专业级潜力，最后一组被认为具有接近专业级的潜力。埃里克森的研究团队发现：

> 被认为潜力最高的学生每周用于拉琴训练的时间比其他两组都要多：9 岁孩子用时 6 小时，12 岁孩子用时 8 小时，14 岁孩子每周用时 16 小时，随着年龄增长用时也在增加。到 20 岁时，一些表现最优秀的孩子训练总时长达到了 10000 小时！第二组的孩子总计训练时长大约为 8000 小时；第三组孩子则为大约 4000 小时。

埃里克森从研究结果得出结论：训练多寡与获得熟练程度成正比，即完美的结果是经由刻意的练习形成的。因此，他提出了著名的"10000小时"定理，即成为一名任何领域的专家都必须经历的时间长短。这一说法得到了越来越多人的认可。当我们用谷歌搜索"多长时间能成为一名专家"时，排在搜索结果第一条的肯定是这一经典定理，好像这是唯一正确的答案。把这个数字换算一下，意味着不管练习何种技能，只要坚持不懈，5年时间就能成为该领域的专家。

根据这一理论，一个人不管在哪个公司工作，只要能坚持至少5年，就会成为公司不可或缺的骨干和精英了。

但是这一理论并非无懈可击。首先，这一理论没有考虑个体天资的差异。在埃里克森的研究对象中，学生们已经被老师按照天赋分成三个小组，第一组被认为具有"精英"级别的潜力，而第三组则属于被认为没有可能的一部分学生。也很有可能是成为世界一流的小提琴家本身就需要坚持训练10000个小时，而一些天赋极高的孩子需要的时间可能少一点。此外，这个数字也没有把外部环境和遗传因素考虑在内。我的身高是183cm，即便我把所有时间都用于篮球训练，一旦到了NBA球场上，任何一个人不用起跳就可以轻而易举地盖我的帽！

其次，10000小时的标准门槛未必适用于所有的技能训练，毕竟不同技能的复杂程度是有区别的。譬如，成为一名一流的神经外科医生就要比成为扑克冠军难一些。事实上，在不同职业领域中，成为一流水平的专家所需的训练时间还真是各有不同：扑克高手需要7680小时，大厨是13440小时，瑜伽是700小时，体育项目是9600小时，电脑编程是15360小时，神经外科医师则是42240小时。所以，你选择的职业不同，成为一流专家所需要的训练时间自然也是不一样的。

最后，这一数字没有把训练的质量考虑在内。缺少科学的指导和深入的感悟，仅仅盲目地训练无助于能力的持续提高。也就是说，坚持不懈地训练未必一定会成功，还必须加上总结经验和教训、在训练中找到最佳方法、学习圈内一流专家的成功经验等，才能取得最终的成功。正因如此，职业运动员离不开教练，要想追求进步就离不开导师。

由此可见，所谓"10000 小时"定理并非完全正确。有些人天资聪颖，很快就能小有所成，或者是善于感悟和思考，所以进步更快一点。由于以上三个原因都会对学习和训练产生影响，但作用程度又不一样，所以，同样"训练"5 年，其效果很难说会是一样的。

虽然如此，这一理论的核心是没错的：业精于勤，荒于嬉。一个人只要专注一件事情，又能不断汲取教训、总结经验、积极进取，就一定能在成功的路上越走越顺利。"无他，唯手熟尔！"与邓巴的社交圈"150人"一样，格拉德威尔所谓的"10000 小时"定理在管理实践中是很有价值的。想要精通一门技艺，如果天资聪颖，那么可能需要 8000 小时就够了；如果选择了一门不太复杂的工作，可能仅需要 5000 小时；如果复杂且得不到正确的指导，这个过程也可能需要 14000 小时。不管从事何种工作，都必须认识到，没有坚持和努力就不可能到达职业生涯的理想彼岸。

年轻人，知道接下来该怎么做了吗？

职场成长是一个漫长的过程

对年轻人而言，在职场中获得进步和提升是一条漫漫长路。职场中代际群体的冲突有些与此有关，真正理解这一点，对解决这类问题，对能否获得成功同样重要。职业生涯的进步和提升不是你的身份和职位赋予的，是基于奉献和付出交换而来的。我们之所以能提高能力、升职加薪，完全是在工作过程中对经验和能力日积月累的结果，唯一的实现途径是戒骄戒躁，扎扎实实走好工作中的每一步。职场中上至高管，下至普通文员，莫不如此。

年轻人可不喜欢这种所谓"扎扎实实"积累资历的过程，他们觉得这样节奏太慢了。年轻人不喜欢这种"慢一拍"的速度，关键是这种速度更与现代社会的快节奏背道而驰。所以，正因为老员工喜欢这种速度，年轻人的职业发展反而会快一点。

进步和提升的自身规律决定了其过程必然是一条漫漫长路，不仅职业发展如此，在其他任何领域也是一样。

下面是一个小测验，做完之后你就会知道真相。

测验：成功的秘诀在哪里？ [①]

1. 大多数职业运动员是如何成为职业运动员的？

  A. 天生的。

  B. 他们的父母给他们起了一个有"明星范"的名字，像"科比""乔丹"等。

  C. 坚持训练、忍受伤痛、分析总结大量比赛录像、几乎不吃垃圾食品，参加大量比赛。

  D. 他们擅长橄榄球。

2. 大多数音乐家是如何成为音乐家的？

  A. 训练、作曲、录音，努力进行更多的巡回演出，就像知名的甲壳虫乐队在成名前，仅仅在1960—1964年就演出至少1200场次，其中，大部分观众是第一次见到他们。

  B. 他们住在音像唱片店附近——近水楼台先得月嘛！

  C. 生活带来的灵感。

  D. 跟着电视音乐频道和YouTube学习得来的。

其实，这两道题的答案很简单，这跟一个人如何取得职业发展的道

---

① 原文为"Show Me The Money！！！"这是汤姆·克鲁斯主演的一部电影《甜心先生》（*Jerry Maguire*）中的两句经典台词"让我赚大钱"（show me the money）和"你从最初就拥有我"（you had me at hello）其中之一，是美国电影学会排名前100位的电影台词（分别在第25位和第52位）。此处是借用。——译者注

理是一样的。有些人有运动天赋，有些人有音乐天赋，有些人有商业天赋，还有些人有管理天赋呢。一些人对工作极其负责，一些人可以轻松获得好的受教育机会，还有少数人是最受上帝宠爱的幸运儿——聪明、努力又有某种极高的天赋——即便如此，如果不经过一个长时间的磨炼、完善和提高的过程，这些"上天的礼物"也不能保证职业生涯一路坦途，毕竟，"没有人能随随便便成功"！纵观职业橄榄球运动史，没见过哪个运动员能轻松进入美国橄榄球联盟比赛。同样，也没听说过哪一个人生下来就能演奏优美的曲子，更不用说在剧场里折服观众了。在商场上也是如此，尽管网络时代让电商迅速崛起，但没有听说过哪个老板是一举成功缔造商业帝国的。

没有辛苦的训练和付出，就不能收获成功的喜悦。举个例子，人们一般不会第一次约会后就马上牵手走进婚姻——除非你想赌一把，否则就要随时做好为这种轻率举动被亲朋好友调侃的准备——毕竟日久才能见人心呢，建立长久的爱情也是没有捷径可走的。所以，要想成为一名世界电子竞技冠军，就离不开刻苦的训练；要想掌握一门外语，就离不开大量地听、说、读、写训练；要想成为一名美食家，就离不开对食谱和厨艺的长期研究；要想把家收拾得面貌一新，就必须潜心研究让自己成为装修达人；要想成为合格的父母，就必须为孩子的降临做好充分准备。所谓大道至简，不管做任何事情，只要想有所成就，都要经过长时间的训练和付出的过程。

如果你是一个刚入职场的年轻人，一定要记住：**一个人职业生涯的每个阶段彼此都不是孤立的，而是前后联系、持续发展的**。进入职场、学习、提升，偶尔还会"吃一堑，长一智"。在这一过程中，如果能做到专注坚守一个领域，而你脑筋又够用的话，那么，取得最终成功只是时间问题。

如果你已混迹职场多年，那就是说，你走过更长的职业发展道路。总会有一些老家伙是靠运气或裙带关系坐上高位的，但客观来讲，这些现象不是职场的主流，仅是例外而已。绝大部分的职场前辈是靠自身实力才坐到了今天的位子。

卡伦的故事：我的职场之路

63岁的卡伦在一家全球500强公司上班，在离退休还剩下6个月时，我请她谈一谈她的职业生涯是怎样度过的。以下是她的话：

仿佛转眼之间，我到这家公司已经有24年了，说句实话，我从一开始就从来没想过会一直陪伴公司走到现在。当初大学毕业之后，我先是到一家高中做了5年老师，之后回归家庭养育了我的3个孩子。本来我是想就这么一直走下去的。但是，婚姻的变故让我不得不在6年后重回职场。于是我又重操旧业，开始了另一个8年的教师工作经历。如果不是教师的收入不足以养育孩子的话，我可能会将教师工作进行到底。后来，我就来到了现在这家公司。

到这家公司之后，我的职业生涯之路还算丰富多彩。一开始我在销售部，但8个月后被安排到直销部，2年后先被调整到市场部，后来是代理商管理部门。这些岗位的在岗时间平均起来有1年多。在转了多个岗位后，我最终定位在公司的公共事务部，在其后的16年里，大约每隔2年我就能晋升一次。这个岗位上的人，少数人最快不到1年就能晋升，多数人则需要4年，应该说我干得还不错。

我非常喜欢现在的工作，它同样也给予我太多的回报。我曾经是硬着头皮坚持工作，现在看来，我的职业生涯并不完美，但我自己也悟出了一些道理。第一，远离那些对工作整天唧唧歪歪的人，既然选择了这份工作，就干一行爱一行，相信"是金子总会发光的"！其实我并不是从一开始就认同这个道理，不是有人说"会哭的孩子有奶吃"这句话吗？我也见到过，有些善于见风使舵的人走捷径获得了升职加薪的机会。但我觉得我根本不是那样的人，我还是想做我自己。俗话说："路遥知马力，日久见人心。"后来我开始逐渐理解这句话。"捣鬼有术，也有效，然而有限。"一个人干工作和做人的好名声需要时间慢慢积累，并能为时间所检验，那些"投机分子"善于投机取巧，疲于用一个谎言遮盖另一个谎言，但狐狸尾巴总有露出来的时候。我们这些踏实做事、对工作精益求精，不仅干好自己分内事，而且对外注重协同配合的人，上帝也不会亏待的。

比如有这样一件事儿，公司曾经让我带领一个部门专门解决"千年虫"问题，这个问题不解决，电脑系统可能会崩溃，公司损失无法估量。当时我对此一无所知，毫无头绪。但对我而言，这是一次机遇和挑战，我毅然接下了这个任务。因为我相信，既然我能完成之前每一个工作角色，能做好每一个任务，我同样能够通过学习做好接下来的任何工作。事实证明我做到了。

6年前我做到了公司的高级经理的位置，现在我经常是和《财富》100强公司的大佬们平起平坐，两位总统邀请我到过白宫，在总统椭圆形办公室亲眼见证官方协议签署。我说这些并不是自我吹嘘，老实说，我并不怎么看重名利。我的意思是，我做梦都没想到过上帝能对我如此抬爱。在这里我也想告诉所有人，不用去想职业和工作能给你什么，只要你专注并精通一项工作，你一定会有意想不到的收获，最多比你预期的时间稍稍晚一点而已。

卡伦的生活经历绝对是独一无二的，但她的职业生涯之路对我们都有很多启发。

当然，这也并不是说那些职场前辈们的想法都是最好的，做法是最佳的。重要的是理解他们如何能在一家公司坚持下来，并取得现在的成绩。他们靠的不就是努力奋斗、不断学习、不屈不挠、团结协作、专注坚持并不断总结经验和教训，再加上一点儿好运气吗？

他们在困难面前愈挫愈勇，战胜了一次次关乎公司生死的挑战。与那些喜欢滔滔不绝吹嘘自己的人不同，他们可能不会经常跟人提起这些辉煌的经历，但他们今天的成就是通过扎实的努力换来的，他们值得我们每一个人尊重。

职场"老麻雀"的问题

以上，我们向职场新生代们解释了职场前辈是如何成长和修炼，以及生涯之路是如何发展的，相信会给职场新生代提供一个全新的观察视角。虽然职场起起伏伏随时在变，就职场晋升规律而言，其从古到今的本质不变。我们的养老、医疗等社会保障体系在变，今天的职场新生代已很难享受到以往的高福利，但职场老一辈们也并没有占到额外的便宜。每个人的职场生涯发展之路都是一条漫漫长路，古今同理。与今天的年轻人相比，老一辈走得恐怕要更艰难些。希望现在的年轻人能认识到这一点，这有助于他们在职场发展遇到挫折时，意识到他们不是一个人在战斗，他们其实比职场前辈更幸运。

如果你是新生代们的职场前辈，可能你会对下面的话不以为然：职业发展是一条漫漫长路，要想成功必须先付出——这句话当然有道理，这个世界上还有人不知道吗？作为职场前辈的你，如果与新生代发生过一些令人不快的代际冲突，其中大部分原因可能与此相关。

我们马上来从两个方面探讨这个问题。第一，为什么现在的年轻人似乎无法接受努力工作不能立即得到回报的情况？第二，对工作不愿意努力付出的人，可不只是新生代哟。

关于第一点，还有必要讨论职业发展的本质和工作努力的重要性吗？这么简单而浅显的问题真的有必要来浪费时间思考吗？道理确实简单，但要真正理解却不容易。为了把这个说清楚，我们需要再一次把前面提到的技术革命以及互联网革命拿出来，正是这两个事物使人们对职业发展产生了错误的理解和认识。

科技不是万能的

我是怀着诚惶诚恐的心情写下这一章的，如有出现词不达意，还请读者朋友们见谅。如果出现错误，在写作时随时准备按删除键；这事儿如果放在 50 年前的打字机时代，只要把稿子撕掉重新再打就可以了；放在 500 年前，就只能忍痛扔掉珍贵的羊皮卷了；要是放在 5000 年前的原始人时代，那就只能把洞穴墙壁重新凿一遍了。

毫无疑问，科技的发展改变了人们生活的方方面面。科技帮助人们种植和加工出了祖先们见都未曾见过的食品，比如转基因食品；仅仅用了一两百年，人类活动的距离和范围已经变得更远、更大；人类已经开始用光波通信，虽然我至今对它复杂的原理还搞不清楚。科技的影响已经渗透到我们生活的每一个角落，让我们感觉到科技无所不能。在医疗方面，现代科技已经制造了很多新药物；在生活方面，电脑和网络能根据单身狗的要求帮助其找到真爱；想长命百岁吗，确实有人试图借助现代科技来解决这个问题，不管这件事能否成功，但确实有人认为科技似乎能解决任何问题！

不管科技已经帮助人类解决了多少难题，但有一点不可否认：科技仍然无助于提升人类学习知识和掌握技能的效率。科技不能把一个普通人半年内就培养成一个医生；科技也不能让一个普通人快速成为钢琴演奏家；如果要精通一门技艺、学习一门语言、掌握一项运动，哪怕学习成为合格的父母等，从未听说借助科技可以找到捷径，估计将来也不会有。成功的唯一路径只能是做好准备——尝试——失败——总结教训——反复训练——再失败——再总结——反复训练——成功，这是被无数事实所证实的一条路径。如果说以前精通一门技艺需要训练 10000 小时，那么现在仍然如此。只不过有些人的学习效率会高一点，有些人的训练会刻苦一点，有些人的天资会高一点，因此，科技还真帮不上什么忙。

有一点必须承认，科技确实让我们获取知识的能力大大增强。网络的发展让我们敲击键盘和鼠标就能打开海量的知识宝库。记得我小时候，查找资料只能去图书馆，经常是历经千辛万苦才找到一本可能有用的书。

现在就简单多了，网络可以提供各种视频教程、大学公开课、专题讲座等在线资源，获得 10000 小时的知识比过去要更便利。但是我们不要忘了古训：书山有路勤为径，学海无涯苦作舟。学习没有捷径可走，知识学习永远是一个学习——尝试——挫折——学习的系统过程。

科技加速了社会诸多领域的发展节奏，导致社会普遍存在一种浮躁的心态，人们常常希望对工作急于求成。甚至很多人寄希望于通过手机刷几次屏，就能掌握到职场前辈们用一二十年积累的知识。相对而言，职场新生代比较容易犯这种毛病，谁叫他们生在一个快速发展的时代呢？现代人通常做事的兴趣来得快，去得也快，一件事开始后能坚持 15 分钟就不错了。

一个人不管是在生活、个人发展还是事业上，要想取得成功，就必须相信"天上不会掉馅饼"的道理。成功不会从天而降。寄希望于网恋找到真爱而不经历感情的波折，最后的结局往往很难预料；期望于工作中遇到贵人来提携，前提是你已经做好了充分准备；整天叫嚷要一个月减肥 30 斤而又没有付诸运动和改变饮食习惯，那瘦身就永远只是梦想了。比如说我吧，虽然已经学了 2 年西班牙语，但是在西班牙人机关枪般的语速面前，也只能一知半解。

不管在任何时候，学习的过程就像一场马拉松。如果事前没做好充分准备，绝对不要轻言胜利。在提高学习效率方面，人类在过去已经做出了很多努力，也许我们的子孙后代借助科技进步能有所改善，但像武侠小说里描写的那样，高手可以把数十年的武功轻易地转移给另一个人，这在现实中永远也不可能实现。基努·里维斯在电影《黑客帝国》里能做到的，也只能是一种想象而已。

谁该为职场成长负责任？

在本书第四章，曾提到部分职场代际冲突源于科技和网络革命，正是它把社会大众分为两部分：在电脑和网络前成长起来并深受其影响的新生代人群和其他世代。虽然职场中年轻人和其他世代对职业发展的认识不同，但态度是一致的。新生代成长在一个有史以来社会快速发展的时代，导致多数人因此认为，职业发展也应快马加鞭。是啊，毕竟世界都在加速改变！

这个道理有什么错吗？还有人把这一逻辑进行了推广，直接套用到学习领域，比如练习一项运动、精通一种乐器、掌握一门语言等。嗯，貌似很有道理！真的如此吗？

大家可能还记得，在本书第四章对此有过简单介绍，新生代因为见过很多人一夜成名的故事，他们也因此相信"馅饼"同样可能砸到自己头上。NBA 球星勒布朗·詹姆斯（LeBron James）不到 20 岁就能年赚几百万美元；马克·扎克伯格（Mark Zuckerberg）仅 20 岁出头创立的公司就价值数十亿美元；西奥·爱波斯坦（Theo Epstein）28 岁就成为职业棒球队最年轻的总经理。每天都会有这样的例子出现，似乎在告诉新生代们成功并不是太难。新生代们"只看到贼吃肉，没看到贼挨打"。这些励志的故事背后，其实还有詹姆斯、扎克伯格和爱波斯坦们成千上万次的劳动和训练的流汗，如果他们最终没有成功，这些又有多少人知晓？

因为成长的过程一帆风顺，新生代们认为成功也并非难事。中小学校取消了学生成绩排名；各种青少年比赛中每个参与者都会得到至少一个奖项；老师按规定处罚学生反而引来家长的干预；等等。这些都说明社会对新生代们的宠爱已经无以复加，他们会想当然地认为，不需太多付出就能实现自己的目标。现在的大学校园给学生提供豪华的公寓（内部有花岗岩装修的台面，屋顶有泳池和露台，卫生由专业保洁员打扫等），这种待遇超过了职场白领，孩子们一旦离开学校反而很难适应职场环境。

在这些年出版的图书中，一些人把这样的孩子称为"小皇帝"，实际上是对这些孩子充满了担心和忧虑。如果你身边也有这样的同事，不要忘了是谁把他们惯成这个样子的。我们身边的"千禧"世代都属于此类，他们的父母或者是"婴儿潮"世代，或者是年龄大一点的 X 世代。如果这些新生代的工作价值观有问题的话，我们这些职场"老家伙"恐怕要负一部分教育失败的责任。

职场进步永无止境

以上解释了新生代的职场"三观"，相信有助于增加对新生代的了解，并拉近与其他世代的关系。即便如此，新生代与其他世代还是存在明显代沟的：**前者深受多元文化和科技发展的影响，而后者则不然**。所以，如果能找到双方彼此认可的思想和行为观念，对职场和双方都将是一个好消息。

其实找到共同点并非难事。很多新生代表示对拼命工作努力挣大钱不甚感兴趣，这恰恰和职场老一辈的想法相似。他们认为，在工作方面已经无须再努力学习追求提高，只要能保住饭碗即可。总会有一些职场"老油条"上班总是迟到，下班总是想办法早走，对变革总是摇头，对学习新知识总是抗拒。类似这些现象在职场中有一定的普遍性。

当然，作为混迹职场多年的"老家伙"，你肯定会同意把以上的谆谆教诲说给新生代们。对于职业发展是一条漫漫长路的说法，你当然会同意，显然，这一观点永远不会过时。

如果你们公司也有这样的同事，这并不代表他们从一开始就这样。可以这样讲，升职加薪依靠辛勤工作和努力付出，哪怕是保住现有的岗位也是如此。那些故步自封、不思进取的老员工们可能是忘记了，不管资格有多老，身处职场，永远不能停止学习、进步，不能停止追求创新的脚步。

这个道理既适用于个人成长，也适用于职业生涯。前面在讨论新生代应具备何种职业价值观时，我们提出，一个人的职业生涯发展和精通一门乐器、学习一项运动都遵循同样的规律，即都需要一个长期的过程。

这个道理适用于所有人，不管他是工作了 2 年的新人，还是工作了 20 年的老员工。乐队的大提琴手会保持训练以追求不断进步，职业运动员哪怕 40 岁仍然会通过坚持训练来保持良好的竞技状态。相反，不这样做的人最终都会被更努力和更投入的对手，而不是更年轻的对手打败。

苏珊的故事：踏实干好每一天

　　53 岁的苏珊在一家跨国咨询公司上班，当面对不敬业的同事时，她直言真的觉得很崩溃。以下是她的原话：

　　有一些同事总是习惯于对工作"马马虎虎"，并已经习以为常了，对此我真的无法理解。多年的职业生涯让我有一个感触：工作中总会要面对和学习一些新生事物。科技的发展日新月异，并将继续影响我们的生活方式。有些人因为临近退休，在工作中就开始混日子打发时间。对这类人我真的无话可说，真不知道，这些家伙们会怎么打发退休后的时间呢？按道理来讲，他们现在有大把的机会学习和提高自己，以丰富他们将来退休后的生活。令人悲哀的是，这些家伙们完全没有这么想，他们不知道！这是一个多么大的损失。重要的是，他们给年轻人做了一个坏榜样。在这样的情境下，面对这些做一天和尚撞一天钟的老同事们，又怎么能说服新入职的年轻人能全身心地投入到工作中去呢？

　　有关职场进步，苏珊的故事向我们展示了一幅很有意思的画面。其实，我们经常拿婚姻作为例子，来揭示职场进步的本质。有人说，跟异性第一次约会就提出结婚是一件荒唐可笑的事情——因为情感是需要慢慢积累的，所以说，提高和完善是一个长期的过程。同样，对和自己生活多年的伴侣，认为不再需要向他表达爱意，也是错误的——情感不仅需要积累，还需要不断努力去维护和保持。所以说，完善和提高永无止境。

　　我的观点是：和情感问题一样，职场进步和提高，也需要我们每一个人主动地付出。如果你已经为人父母，那么你一定经历过各种家庭琐事，让你觉得"一个头两个大"，但最终会选择硬着头皮把问题解决掉。

我们的职场进步和发展也是如此，在关键的时候，需要那么一点坚持，再坚持……

那些职场"老麻雀"之所以停止学习，不再追求进步，通常是下面两个原因导致的：第一，人们普遍有追求安逸的天性，"为什么非要跟自己过不去呢？"是这一类人的口头禅，这个道理再简单不过了。第二，多年积累的经验，已经足以证明他们的聪明才智，"夜郎自大"导致的故步自封，是这一类人的通病。在本书的第六章，我们将详细讨论此类现象，并给出相应的解决方法。

现在，问题的关键是，新人和老手工作在同一个职场舞台上，对生涯发展和职场进步的要求没有不同。就像前面提到的，"开弓没有回头箭"，这是一个永无止境的追求过程。尽管偶尔我们会停下脚步偷个懒，但没有谁能超脱这"骨感"的现实。这种偶尔的停顿也不失为一种自我调整。在职场中打拼的所有人，都在追名逐利，都是考虑自己多过他人。

接下来有两个案例，能把这个道理解释得非常清楚。这么说吧，如果你现在正试图说服你的职场年轻同事一定要学习和发扬艰苦奋斗的工作作风，这两个案例都能佐证你这种做法是没问题的。但是，如果你现在正试图说服那些职场"老麻雀"放弃享乐和安逸的想法，这两个案例会告诉你这是一项不可能完成的任务！

让我汗颜的职场"劳模"——朱思顿

你也许没听说过著名女星凯瑟琳·朱思顿[①]，但我敢说，你肯定在什么地方见过她的芳照。朱思顿凭借《绝望主妇》两度获得艾美奖喜剧类

---

① 凯瑟琳·朱思顿（Kathryn Joosten, 1939—2012），艾美奖得主，美国广受欢迎的电视剧集《绝望主妇》的演员之一，在 2005 年和 2008 年两度获得艾美奖喜剧类最佳客串女演员奖，因病于美国时间 2012 年 6 月 2 日在其洛杉矶的家中病逝，享年 72 岁。——译者注

最佳客串女演员奖，她还参演过其他几十部影视剧，包括著名的《宋飞传》和《威尔和格瑞丝》（均是美国20世纪90年代最受欢迎的情景喜剧）等。朱思顿的生涯看起来一切都非常完美——但，这都是表面现象！

事实是，朱思顿直到56岁才开始她的演艺生涯，她在40岁遭遇婚姻变故后，一度迫切地想走出生活困境。经历了几年没有任何起色的表演生涯后，她不得不和儿子一起靠打零工为生，直到她在奥兰多市的迪士尼乐园谋得了一份工作。

到了1995年，朱思顿和儿子不得不搬到洛杉矶，准备重起炉灶，重新捡起演艺事业。这时的她面临没经纪人、没人看好、没有过硬的工作履历的窘境。

后来，众所周知，上帝终于垂青了朱思顿。

让我汗颜的职场"劳模"——山德士上校

接下来要说的是山德士上校（Colonel Sanders）的故事。他的大名相信无人不知，他就是肯德基的创始人，在65岁的时候开创了现在的特许加盟连锁商业模式。当年为了创业，上校甚至动用了自己的社会保障金，在当时这是一个非常大胆的行为。然而，山德士上校的成功并不是一帆风顺，他始终保持着清醒，在经历了一系列的挫折和失败后，最终取得了成功。

我们从上校的自传中得知，上校在40多岁的时候，曾经从事过多种职业，其中包括"业余接生婆"——任何人看到这份简历时一定会惊掉下巴！后来，山德士上校在一家加油站工作时，兼职给顾客加工一些快餐食品，意外地受到顾客的欢迎，而加油站的生意反而每况愈下。

正所谓，万事开头难。山德士上校的加油站生意倒闭后，当他第一次领到失业保险金的时候，创业不过是一份糊口的营生。但是后来，他用勤奋与坚持创造了一个餐饮帝国。

锦囊妙计

第一步，是找到职场新生代和老一代有哪些共同点。正如前面第四章所说，用职业道德和生涯发展来解决职场代际差异问题，好像还蛮有效的。

> **两大群体在职场"三观"上的共同点**
>
> 1. "慢工出细活"。这句话适用于职场中的任何人，不管是专家还是普通人，不管是"年轻人"还是"老麻雀"。
> 2. 遗憾的是，不管是"年轻人"还是"老麻雀"，常常忘了"慢工出细活"这句话。

也就是说，职场新生代们好像忘记了进步和提升不是一蹴而就的，而职场"老麻雀"们似乎也不记得进步和提升是没有止境的，他们似乎都共同忘记了一件事情：大家是你中有我、我中有你的一个共同体。然而，我们在前面的章节中讨论职场忠诚时提到过：职场中的每一个人似乎都过分强调自己，而有意无意地忽视他人。

人和人之间的职业生涯发展路线并不存在太多的差异，要说明一个人在不同生涯阶段如何提升和发展，随便就可以找到一个案例来证明不断追求进步和扎实的工作态度关乎职场提升和发展。能有效证明这句话的正确性的方法，是找到与我们的工作生活直接相关的实例来现身说法。接下来，我们将会以这种方法来探讨职场发展和提升的策略。

第二步，对职场中不同世代员工的思维和行为方式进行研究和解释。这些内容将在本章占据较大的篇幅，我们发现：这些差异虽然不大，但对员工管理却有重要的意义。

解码职场新生代的思维和行为方式

1. 由于科技的进步提升了各行各业的生产效率，导致许多职场新生代们错误地认为知识和技能学习的效率也同样加快了。实际上，我们都知道，在工作中学习、熟悉并精通一件工作需要一个过程，这和以前并没有什么显著的不同。

2. 一些新生代有超过其年龄阶段的成熟，也因此导致他们更为骄傲自大和圆滑世故。

3. 一些新生代缺少强烈而坚实的爱岗敬业精神。这可能是因为他们天性懒散，抑或是因为他们是在"赞赏"教育模式中成长起来的一代人。

解码职场"老麻雀"的思维和行为方式

1. 相对于新生代，"老麻雀"已经取得了一定的工作成绩和成就，也正因如此，他们开始故步自封，沾沾自喜。

2. 一些"老麻雀"的敬业精神开始下降，丧失职业生涯早期的优秀价值观，这或者是因为骄傲自满，或者是因为觉得可以吃老本了。

　　我们还真能找到共性：职场中有些"年轻人"生性懒散，有些"老家伙"也是如此；职场中也有一些人取得一定成绩或成就后，就开始沾沾自喜，这类人中"年轻人"和"老家伙"都有。

　　所以，身为职场新生代，如果想和"老家伙"们建立和谐工作关系，那就一定要表现出对他们能力和经验的尊重和认可。做到这一点的方式很多，其中最简单有效的是多请教，多殷勤咨询。如果有老前辈不断要求你工作更努力一点，其实他们真实的意思是：我当年就是这么走过来的，年轻人，这么做肯定没错！

伊娃博士的故事：老板教导我向前进

29岁的伊娃在一家跨国化工公司任职。以下是她的故事：

我在大学用了五年半的时间才拿到博士学位，说句心里话，这是为了把博士论文做得扎实一点，我确实做到了。回想起来，那是一个漫长且枯燥的修炼过程，但那是让我引以为豪的事情。当我走向工作岗位时，却发现公司的同事个个都很强，我很沮丧。那种感觉就像才爬上一个山头，却又发现前面还有一个更高的山头等着呢！所以在刚入职的前几个月里，我一度失去了坚持下去的勇气。

感谢上帝！这个时候我遇到了生命里的贵人——我的老板，他敏锐地觉察到我的焦虑。作为一个为公司服务了二十多年的老前辈，他曾经指导过十几个像我这样的博士新人。当时他花了很长时间跟我谈心，用他的职业生涯中的经历现身说法，缓解我内心的焦虑和不安。老板告诉我，与其忧心忡忡，不如脚踏实地。一段时间后，我才充分理解了老板的话。能遇到这样的上司，绝对是很幸运的。后来，我之所以能对我的职业生涯有了更深入的理解，他当初和我进行的那几次谈话功不可没。

不管你喜不喜欢，新生代也好，"老麻雀"也罢，所有公司都是由这两类人组成的。他们在公司中有各自的地位和角色，各自对公司的经营管理产生影响。每一类人各有各的思维和行为风格，以及对工作的观点和判断。每一类人都明白公司哪些规则必须严格遵守，哪些规则可以有弹性。所以，我们要把"老麻雀"视作财富，而不是"奸、懒、滑、馋"的老家伙！还记得吗？在本书前面章节中谈到，没有这些"老麻雀"员工，就不可能积淀和形成公司的忠诚文化，他们正是以这样的方式影响年轻员工的。接下来，我们来谈谈年轻员工有什么可以让"老麻雀"们学习和借鉴的。

如果你在公司属于"老麻雀"一类，记住，不要把自己和年轻员工划分界限。作为前辈，有责任在接受他们的敬意的同时，帮助他们成长和进步。不要忘记，你的成长曾经有导师、领导和前辈的功劳，是他们帮助你取得了眼前的成就，所以，你也应该接过接力棒，去拉年轻员工一把。这正是企业人力资源管理体系中的人才继任规划的实质。

在本书前面的章节中，我介绍过太阳微系统公司的员工导师体系，说的是老员工传帮带一个有潜质的年轻人，这将是一种双赢的安排。因为这会让年轻人和公司受益，所以尽可以大胆地向优秀的年轻后辈伸出你热情的手。不管最终结果怎样，导师个人都会获得成就感——不管怎么说你肯定是赢家。

泰勒的故事：导师制的力量

42岁的泰勒经营着一家从事营销策划和网络推广的公司。以下是他本人的故事：

我在大学毕业后就进入一家大型营销公司上班，在2006年公司经营不善、业务缩减时被炒了鱿鱼，从那时我决定凭我的能力开始自己创业。几年来，我起早贪黑努力奋斗，获得了不错的回报。到2012年，公司因为业务发展，需要招聘几名兼职员工，基莉就是这时候来到公司的，她每周为我工作20小时。22岁的基莉大学毕业后一直没有找到全职的工作。我最初的想法是，等几个月公司的业务稳定后，她的岗位就不再需要保留，就会让她离职。

但是基莉从入职开始，就表现得非常努力且态度积极。比如本来约定在咖啡馆一起工作2小时，她经常是延长工作时间以便能跟我有更多的交流和学习，而不计较加班时间的报酬。她会随时把想到的新点子通过邮件发给我。尽管我只是雇她帮助我处理一些公司杂事而已，但她看上去从不计较这只是一家小公司。后来，我越来越喜欢和她一起讨论公司的运营管理，我们的谈话开始涉及我本不熟悉的公司事务，例如如何租赁办公室、商业贷款、跟广告商谈判、公司业务开发等。正是这个有雄心壮志的22岁女孩子，帮助我打开了经营的思路，让我能把公司业务越做越大。如果当初把她辞退，公司也许早就关门大吉了。

最终我全职雇用了基莉和另外两名兼职的员工，现在我们愉快地在一起工作。2014年，公司业务发展达到了历史最好水平。如果没有遇到基莉，公司也许将是另外一种结局。

实际上，工作敬业和忠诚二者是密不可分的。如果在职场中遇到了与公司价值观相左的"年轻人"，或者遇到了丢掉了工作激情的"老家伙"，你所应该做的是营造积极的氛围，重新鼓舞和振作他们的精神。同样，即使你短时间内无法改变他们长期养成的坏毛病，至少你可以告诉所有的员工你会帮助他们更快地进步和成长。

我们还是跳出这些具体事情，去寻找问题解决策略和方法吧！不管你属于职场中的"新生代"还是"老家伙"，应对这种局面其实很简单。

解决员工职业生涯发展或工作忠诚问题的策略与方法

- **在本部门或公司中找一位德高望重的同事，请他（她）做你的导师。**记住，导师不会轻易教你，一定要谦卑和虚心求教，充分表明想学习其一生的宝贵工作经验的态度。可能因有的导师时间紧张或其他同事已经抢先拜师的缘故，拜师求教的过程不会一帆风顺，但只要用心去做，一定会找到合适的师傅。拜师后，要了解导师职业生涯中有哪些"过五关斩六将"的成就。人们之所以帮助别人，在于从帮助对象那里能得到满足感和成就感。当你能让导师们产生类似感受时，他们一定会不遗余力地把所知所学传授给你。记住，职业导师的帮助会大大加快职场成长的速度！

- **如果你周围有对工作态度不成熟的职场"新生代"，这时候，你只需把他们跟其他员工的一般工作水平进行比较，就能理解和接受他们当下的状态了。**我们在本书前面说过，学习一样乐器和技艺的规律与职业生涯的规律是一样的。成功者都知道"梅花香自苦寒来"，所有成功均来自长期刻苦地训练。那些半途而废者也知道"三天打鱼，两天晒网"是绝对不会成功的。这并不是说认同"新生代"的不成熟，而是强调这恰恰符合一个人职场成长的基本规律。

- **把你自己的职业生涯成长之路与职场后辈们分享，以引导和激励他们。** 我敢说，职场后辈们对你现在的成就除了羡慕，他们中的多数人并不知道你的进步是如何实现的，因为你还没同他们说过。如果你们公司已经好久没有提拔员工了，年轻人都眼巴巴地盯着呢！这时一定记得给他们讲一讲当年你是如何获得晋升的。本书前面曾说过，公司里年轻人的想法其实很简单——只是想知道如何努力工作才能得到回报而已。如果管理者能及时展示其通向成功职业生涯的路线，让他们可以复制和效仿，他们一定会倾尽全力付诸行动的！

- **如果在公司中你属于不成熟的"新生代"，那么没啥可说的，认真工作、努力付出是你的唯一出路！** 职场老员工对年轻人的工作观念会有一种普遍的怀疑和不满。这是产生代际冲突的原因之一，也是职场文化的一种表现形式。曾经的4个世代之——传统世代也曾对下一代"婴儿潮"世代的工作态度感到忧虑，其中长发飘飘的嬉皮士们更是加重了他们的这种想法。这种情况下，打消这种忧虑最有效的方法，就是明明白白、毫不含糊地表白自己：我一定会好好工作，天天向上！这并不是说，要没有休息、没有娱乐，一直工作到筋疲力尽。自己要掌握一个能平衡工作和生活的前提。那些宣示努力工作的人能与那些不这么做的人区分开来，或者与那些对工作付出斤斤计较的人区分开来。

- **把老员工"吃苦在前，享乐在后"的精神传承给下一代年轻人。** 应用这一招数的人现在还不多。据美国皮尤研究中心的一项研究显示，在未来16年里，"婴儿潮"世代每天都会有约10000人超过65岁。在未来10年里，预计很多公司将会有越来越多的员工退休。我本人也注意到这一趋势，并以此为主题为几百家公司提供了多次主题讲座和专题培训。很多公司都面临熟练工人短缺以致无法填补老员工退休出现的空缺的窘境。如果你所在的公司或部门也有这种情形，请马上讲给职场里那些年轻人，这可以促使他们坚定"板凳要坐十年冷"的信念，把精力用到努力工作中去。举例来说，对一个26岁的新入职员工，要想鼓励她全身心投入到工作中去，只需告诉她：10年的坚持就足以成为一个领域内的专家！也就是说，当她36岁时，就能轻松获得现在看来需要40岁才能达到的高位。

- **对那些不怕困难、克服困境做出工作业绩的优秀员工定期进行表彰。** 有些老员工会逐渐进入故步自封的误区，认为自己不再需要学习或即使不努力也不会影响工作。不断重复表彰那些主动拒绝安逸和享乐并不断取得高绩效的模范员工，是打破这种误区最有效的方法。公司对员工踏实工作的精神表彰越重视，其他员工受到影响并付诸行动的可能性就越大。

- **职业成功和个人成功规律具有高度相似性。** 几乎所有人都会建立家庭，结婚生子，都会在建立和维护各种关系网络上花费大量时间和精力。我们为人子女、兄弟姊妹、朋友等社会角色，有时必须要花费一些时间和精力来维护这些社会关系。大家都知道，即便是婚姻关系也需要不断去维护和"保养"。那些在职业中表现出的行为特征确实与生活中表现出的特征没什么不同。如果要让员工的生活和工作行为保持一致，就必须让他们知道，这些要求其实就是日常的行为表现而已！

- **员工的年龄和资历没有必然的逻辑关系。** 一般情况下，老员工要比年轻人经验丰富一些，工作更熟练一些。干好工作没有捷径可走，还记得卖油翁的那句话么？"无他，唯手熟尔！"但是，这并不意味着一个50岁的人就一定比25岁的人工作能力更强！这在计算机和网络等新兴高科技领域尤为明显，往往是有些人小小年纪就已经积累了10000小时的实践，成为专家级的人物。如果有同事在正式入职前就已经对现在的工作有所学习和了解的话，那么恭喜你，一定要毫不犹豫地鼓励其发挥所长并继续学习。有些员工属于"带艺投师"，所以经常会有新入职年轻人的能力超出管理者的预期的情况。这种情况一定会引起公司里资深员工的特别关注。还记得本书第四章中，我们说过要邀请年轻才俊分享各自的技能和知识的做法吗？既然高资历的老员工值得大家敬重，那么有才华的年轻人得到认可不也是一样的道理吗？

- **如有必要，对于员工中那些始终无法融入团队工作的"害群之马"，要坚决清除掉，不管是开除还是劝退。** 我们知道，一个人的基本价值观一旦形成，则很难完全被改变。管理者可以做到让员工明白好好工作有多么重要，可以给努力工作的员工以精神和物质的奖励，这都不是问题的关键，关键是，对一个完全不把敬业工作当回事的人，没人能彻底改变他内心深处的观念。上帝都做不到！

  如果看到有年轻人对工作不怎么投入，而你已经尝试了以上所有方法去帮他——配备导师、展示美好发展前景等，而其都无动于衷，请马上把他们清出去。一分钟，不！一秒钟都不要等！因为，他们已经用行动表明了对公司和领导的漠然，所以不值得在这些家伙身上再浪费任何时间。

> 如果同样的现象出现在那些职场"老麻雀"身上，他们已经开始逐渐丧失工作激情，显示出准备不再追求进步，提前进入到"等待退休"模式，那么，对他们也同样不要客气了！他们曾经的"功劳"或"苦劳"也许值得手下留一点情，但是，"王子犯法与庶民同罪"，这样的工作态度只能严肃处理。

从根本上来说，关于职场不同族群的代际管理难题，几乎所有人都忽略了一个简单的事实：随着经验和能力的增加以及职位提升，"年轻人"最终也会成为他们不喜欢的"老家伙"；老员工们忘记了，与生活状态相对稳定相比，职业生涯唯一不变的规律就是变化！其实，检视上文，会发现以上所谓的解决方法，不过是一些管理大师的忠告、一些具体管理实践，或者换了不同的角度重新审视问题，只是更为简单易懂而已。再说一次，其实，解决职场不同族群的代际管理问题，真的不复杂！

在本书的下一章，读者将会看到我将把这个复杂问题简单化。年轻人经常抱怨职场老前辈们做事墨守成规，不知变通。在本书的下一章中，我们会对此展开讨论，澄清对此现象的一些错误认识和理解，包括解释老员工们这些行为背后的真实想法。

这本书的读者朋友们，你是否对后面的内容开始迫不及待了？这本书一定会有助于你解决职场代际管理难题。很多人在工作之余宁愿各种玩耍，但是，如果本书能帮你解决这么重要的难题，放弃其他任何娱乐活动都值得，不是吗？

与职场"年轻人"共事的策略
（第1—9条重温第四章的内容，其余重温本章内容）

1. 在新员工报到第一天就帮他们印好工作名片。
2. 给新人一个在所在部门或团队成员面前报告其所擅长工作的正式机会。
3. 要以最短时间记住新同事的名字，记得打招呼时叫出对方的名字，并尽可能多地给予鼓励和支持。

4. 如果你是一名管理者，记得告诉所有下属，只要他们需要你就会挺身而出并仗义相助。

5. 定期向下属征求对工作的意见和建议。

6. 记得每周或每个月定期邀请同级和下级一块吃顿饭。

7. 如果你是主管或经理，记得主动询问员工除了公司提供的工资和福利外，他们还需要什么支持。

8. 作为导师，向你的下属提供服务，或者制订指导计划。

9. 用制度保证给年轻人提供施展技能和才华的机会。

10. 如果你周围有工作态度不成熟的职场"新生代"，这时候，你只须把他们跟其他员工的一般工作水平作比较，就能理解和接受他们当下的状态了。

11. 把你自己的职业生涯成长之路与职场后辈们分享，以引导和激励他们。

12. 为即将退休的老同事举行欢送会，以此为机会向年轻同事灌输感恩之心。

13. 定期重点表扬那些经历过多次失败和其他挫折后成功的人。

14. 强调职业成功与个人成功的高度相似性。

15. 寻找合适的机会告诉他们，年龄和经验并不存在必然联系。

16. 如有必要，要果断解雇不胜任工作的"年轻人"。

与职场"老家伙"共事的策略
（第1—7条重温第四章的内容，其余重温本章内容）

1. 如果你是一名管理者，记得告诉所有下属，在必要的时候，你一定会为他们出头。

2. 定期向下属征求其对工作的意见和建议。

3. 邀请你的同事和员工每周或每个月定期共进午餐。

4. 询问你的同事和员工他们与公司长期同舟共济的原因。

5. 如果你是主管或经理，主动询问员工除了公司提供的工资和福利外，他们还需要什么支持。

6. 用制度保证给你的员工发挥技能和才华的机会。

7. 告诉你的经理或其他高层领导,你打算和这家公司共同奋斗到底!

8. 找一个年长者或经验更多的人,并要求他或她做你的导师。

9. 如果你比你的多数同事都年轻或缺少经验,你就要努力工作。

10. 定期重点表扬那些经历过多次失败和其他挫折后而成功的人。

11. 强调职业成功与个人成功的高度相似性。

12. 寻找合适的机会告诉他们,年龄和经验并不存在必然联系。

13. 如果必要的话,鼓励不胜任工作的"老家伙"提前退休。

第六章　遵循经验还是追求创新

现在，相信你终于明白：为什么一些员工不会随随便便对公司展现出高度的忠诚？为什么一些员工没有展现出最佳的职业状态？为什么一些员工错误地认为自己应该比别人发展得更好，以及获得同样的成绩时付出应该比别人更少？为什么有些人的工作激情已经开始减退？重要的是，你现在已经知道了如何解决这些问题——包括怎样培养同事们的忠诚，怎样激励那些年轻的同事努力工作，怎样说服那些老资历的同事要持续努力。做到这些，你就能够解决职场中存在的绝大多数代际问题了。[①]

实际上，影响职场代际冲突管理的还有一个重要方面，即对管理变革及其快慢的看法。通常情况下，年轻人更乐于接受更多更快的变化。如果你正经历职场的代际管理难题，其原因不外乎是"老家伙"看不到任何可以改变的必要，而一些"年轻人"则似乎决定要改变一切。"老家伙"倾向于说，"要么接受，要么走"，而"年轻人"则倾向于说，"要么接受，要么改变"。对待变化的不同态度是产生代际问题的主要原因之一。当我们因改变多少与改变快慢和别人产生分歧时，"我们—他们"模式便会自动开启。

---

① 当然，前提是他们愿意真正聆听你的建议。如果人们乐于听取比自己年轻或年长20岁的同事的意见和建议，那么职场就不会遇到代际差异问题，但是这恐怕很难，本书在第九章和第十章会提到问题的解决方法，快去第九章和第十章看看吧。

艾莉森的故事：坚持到底

51 岁的艾莉森在一家大型服装零售公司总部工作。她主要负责对新员工在各个分店的现场培训，以便使他们更好地了解公司前台业务。下面是她的自述：

我负责组织新员工去商店现场考察，迄今为止已有数百次了。我要就他们的所做所为吐一下槽。多数新员工要么是刚刚 MBA 毕业，要么具有财务专业背景，他们对数字都很敏感。因此，他们总会提出很多的想法，比如：我们应该缩小更衣室的面积，这样就能增加其数量，以便为更多的顾客提供服务，这样公司就能赚更多的钱。一开始，我对他们这种信口开河的说法非常生气，他们这是在不懂装懂！他们根本不了解公司这些规定的初衷——我们是想要为顾客创造一种用户体验，让顾客感受到奢华服务。现在在碰到这种情况时，我只是感到可笑，并假装以前从没有听过这样的话。他们最终会学到一切。

艾伦的故事：一切照旧！

我们已经在本书第二章结识了 36 岁的艾伦，他在一家创业营销公司工作，他属于 X 世代。事实证明，他对年长同事处理新思想的方式存有看法。下面是他的自述：

我在 23 岁时进入这家公司，当时我看中的是这家公司的巨大发展潜力，因此我选择从基层开始做起。公司确实具有潜力并取得了成功，但是在销售和管理方面也存在严重不足。关于代际管理问题，我认为公司管理人员在进行决策的时候，多数是以往的工作经验为基础的。要知道，我们可是一家生产新兴产品的新公司。创立公司的高管们肯定有能力提出新想法，但是，当他们还在沿用之前的老办法销售我们的产品时，失败就不可避免了。我资历尚浅，脑子里没那么多条条框框，因此，我在考虑工作的改进和提高方法时，只考虑能不能有效果。当然，这并不是说经验不重要——经验有时候确实有用——但是，一些经验丰富的人总是会过多地依赖过去成功的东西，他们有时候不愿冒太大的风险，也不愿意偏离常规太远。新人有时候反而会提出比有经验的人更具创新性的想法，虽然他们可能在思考问题时没有那么全面和细致。

最终，我们公司的管理还是沿用老办法，结果注定失败。最后，我们的创业也无疾而终。当然，我并不是说如果他们听从我的建议，或者放弃他们自己习惯的行事方式，结果就会不同，因为我也不确定我的想法就一定正确有效，但能肯定的是，它不会导致更坏的结果。

你一定注意到这两个故事与第五章的开头部分极为相似。老员工会抱怨说，新人经常表现出急躁情绪和拒绝规则，进而提出不合理的要求。在以上两个案例中，新人则抱怨老员工固执己见，拒绝放弃自己已经习惯的做事方式。其实，这两个问题很明显是相关的，因为职业发展就是一个人从生涩的职场新手变成老手的过程。

本书将把职场中的变革管理这一主题分成两个部分来写。第七章将具体探讨当职场中的一些变革不可避免时，它如何影响员工的职业发展，以及如何整合利用这些变革。其衡量标准是大家必须最后最大限度地达成共识、减少异议，不管你是"年轻人"还是"老家伙"。

在本章中我们将讨论：在面对变化和创新时，为什么不同世代的人倾向于表现出不同的态度？为什么那么多老员工对他们一贯的行为方式似乎特别满意？即便看起来不是那么必要，为什么那么多年轻人似乎依然在不断地追求更多的改变？

答案就在后面。我们还是再来做一个小测试。

为什么"老家伙"喜欢凭经验做事？

这本书也许是别人要求你读，或者也许当你开车在半路诅咒其他司机时，偶然听到这本书——没人会强迫你干什么，包括这个测试。这个测试只有两个问题，我想你能够忍一忍。

1. 如果你向一位女士求婚，下面四个选项，你会选择买哪一个作为表达你永恒的爱和奉献的象征？

   A. 一枚钻戒

   B. 一匹设得兰群岛（Shetland）产的小矮马

   C. 一台弧焊机

   D. 一桶油漆

2. 如果你想吸引客户的注意力，下面哪种方式最佳？

   A. 给客户打电话

   B. 给客户发短信

   C. 给客户发电子邮件

   D. 通过社交媒体向客户发送信息

像第三章的测试一样，你可以自由选择。严格来说，没有哪个答案是错误的。有可能你和一位电焊工的女儿结婚了，或者她本人是一位想雕刻巨型草坪钢铁雕塑的女性，在这种情况下，可能送弧焊机听起来是一个非常好的主意。但是，送油漆的主意也不错啊。并且我个人认为，如果男人答应送一匹马，那么世界上一半的已婚女士都会对她们的丈夫说"我愿意"。如果你碰巧在不久的将来向某人求婚，一定要记住这一点。牵着设得兰小矮马走近你的梦中情人，然后说："嫁给我，它就是你的啦。"女人都喜欢小马，我还是孩子的时候就知道了，所以这一招肯定奏效。

对于第一题，我当然知道你会怎样回答，因为每个人都有同样的答案。几千年来的习俗，使我们知道钻石是订婚的象征。当你买了一枚钻石戒指，单膝跪地时，你不是第一个这样做的人。你并没有创新，并没有做任何出乎意料的事情。你并没有违背常规、开拓创新，也没有使用任何标新立异的寓意。你遵循的是根深蒂固的传统，你之所以这样做，是因为你知道它是有效的。

同样的解释也适用于第二个问题，你几乎肯定会选择答案 A，给客户打电话。然而，给某人打电话并不是新的解决方法。当你打电话时，你并没有利用创新性的技术，或者更好的手段去改变既定模式。这种方法大家已经用了 100 年了。你选择这样做也仅仅是因为这四个选项中，打电话是唯一能够赢得注意的方式，而且，在现实的情境中，你也不会总是选择打电话的方式。在实际情况下，我们需要跟他人联系时，发短信或电子邮件肯定更方便、更节省时间。有时候，我们会尝试所有可能的方式。但是，如果在沟通中你想确保与对方沟通的效果，显然发短信和电子邮件都不如传统的打电话效果好。

这个测验的目的是什么呢？如果你是一个职场新人，这个测验告诉你，要学会换角度看问题，要理解为什么你的年长的或更有经验的同事偶尔会抵制创新，为什么有时候会特别拒绝你的建议。事实上，使用拒绝这个词并不确切，他们也并不是反对所有改变。很多时候，他们只是不清楚改变对他们意味着什么。

原因很简单，"老家伙"们只是相信原来习惯的思维和行为方式更好用而已。

这个道理对我们明白本书后面的内容很重要，因此，这值得我们不厌其烦地强调！

记住："老家伙"喜欢用他们惯常的思维和行为方式，是因为这些方式他们一直在用，而且十分有效。

在职场中，那些"老家伙"完全知道他们自己在做什么。事实上，他们非常清楚自己所做工作的目的和作用，他们的工作给公司创造利润，并能维持公司可持续发展，还能招聘更多像你这样的年轻人以延续公司的运营发展。如果你们的团队、部门和公司目前运营得还不错，那么这要归功于职场中这些"老家伙"的贡献。这个道理你可能一时难以接受，尤其当你还在认为只有迅速变革才能保持竞争力时。当然，很可能你也是正确的，下面的部分我们将分析这些问题。

但现在，最重要的是要知道，公司无论目前采用何种运营和管理方式，都是公司的前辈们努力做出的最佳选择。这当然并不是说你现在所做的任何事情都完美无缺，而是说它比以前所有尝试过的其他方法更好。这也不是说这些做法没有必要改进，但是，我们可以说它们是成功和有效的。

我们看一下 2014 年评出的全美 500 强公司中排名前十位的公司：沃尔玛（Wal-Mart）、埃克森（Exxon）、雪佛龙（Chevron）、伯克希尔·哈撒韦（Berkshire Hathaway）、苹果（Apple）、菲利普斯 66（Phillips 66）、通用汽车（General Motors）、福特汽车（Ford Motos）、通用电气（General Electric）和瓦莱罗能源（Valero Energy），这些公司都没有能够由于其活跃的社交媒体而垄断市场，许多公司的产品和服务与十年前比没有太大区别。除了苹果公司之外，这些公司的主要收入都不是由于给消费市场带来颠覆性的创新产品而获利。总体来说，这些公司都不是靠浮夸的总裁和漂亮的广告代言明星来吸引商业专栏作家和科技博客大 V 的注意力的。其中一些公司的员工还在使用阴极射线显示器和针式打印机，这说起来就像是现代社会中的原始人，但是这些公司都无一例外取得了巨大成功。我并不是说沃尔玛、埃克森或其他公司不追求创新，它们绝对是注重创新的，但是它们肯定不是为创新而创新。

如果你想看一个成功公司不是为创新而创新的具体案例，可以仔细看一下伯克希尔·哈撒韦公司的主页（www.berkshirehathaway.com）。这是我看到的最糟糕的主页。可以想象，一定是沃伦·巴菲特（Warren Buffett）在开一次电话会议，感到无聊的时候在一条餐巾上设计了它。实际上，伯克希尔·哈撒韦公司的主页很可能在互联网出现之前就已经存在了，因为好像从 1843 年以来，它就没更新过。如果我遇到沃伦·巴菲特本人，我也会向他说同样的话。伯克希尔·哈撒韦公司的主页真是太糟糕了！

伯克希尔·哈撒韦公司的年度股东大会在奥马哈（Omaha）召开，

如果我有机会在大会上发言，我一定会当面向沃伦·巴菲特说出上述这些话，我猜想他可能会这样回答我：

> 谢谢你的评论，杰夫，感谢你作为在线客户为提升我们的品牌和用户体验所做出的努力，等一下，我们不是消费品公司，从来都不是！一些大型集团不会因为花了几分钟时间浏览网站，就和我们做生意。因此，我们的网页质量究竟如何并不重要。此外，我认为我们的品牌推广工作做得很好，我现在身家 500 亿美元。感谢你，现在请你出去吧。

重申一次，我并不是说沃伦·巴菲特对创新毫无兴趣。很明显，他始终在寻求新的、有趣的、创新的方式来赚钱；埃克森和雪佛龙公司也一直在寻找新的、创新的方式来探寻石油；福特和通用汽车也在研发新的发动机和汽车设计；沃尔玛和苹果也在尝试改革它们的店面布局和产品布局以增加其销售量。对所有企业的任何一个时间点来说，创新驱动力都是最重要的，最成功的企业都是那些比其竞争对手做得好的企业。

年轻人倾向于批评年长同事不愿创新，这种抱怨并不都是对的。不管年龄或阅历如何，每个人都有创新的需求。创新不常见，更常见的问题是如何创新。不喜欢创新的同事是那些不想花费精力去学习新技能的人，而这种技能又恰是创新所需要的。这种事情发生在年轻人和老家伙之间——就像是发生在懒惰的新员工和退休但仍保留名义上的职位的资深人士之间一样——在第五章，我们已经谈论过如何对付这些人。

然而，在积极进取的专业人士明白创新的重要性的同时，"老家伙"对现有做法的价值也有更深的理解，其原因在于他们是现有体系的既得利益者。[1] 作为一个年轻人，重要的是要理解年长或更有经验的同事是可

---

[1] 他们也对现有体系的缺陷心知肚明，因此与年轻同事一样，他们也在呼吁创新。

以接受新思想和新观点的。在整个职业生涯中，他们都在不断地将新想法融入到工作中。问题在于当你提出新想法时，可能会暗示着他们的现有做法是有问题的。如果你的新想法一旦运作良好，那么恰好说明他们在过去几年做的事情是多么陈旧、无聊、保守、乏味和单调！

你肯定听到你的同事抱怨过（就像拒绝改变的卢德分子（Luddite）^①那样）："这不是我们一贯的做事方式。"分析这句话，你会发现在很多情况下，说出这种话的人并不惧怕变化。他没有必要说："这不是我们一贯的做事方式，因此我拒绝考虑做不同的事情。"许多时候，他会这样说："这不是我们一贯的做事方式，我也没有发现什么重大问题，为什么要求我去改变那些行之有效的做法呢？"和每个人一样，这个人也希望了解采用新想法的原因。如果你不能为创新提供令人信服的论据，那么，很有可能你所鼓吹的创新并不像你想象的那样重要或前景光明。

事实上，"这不是我们一贯的做事方式"只是表达困惑的原因，只有在所讨论的行动或过程明显失败的时候，你才可以选择无视这句话。如果你的部门或公司苦苦挣扎或面临迫在眉睫的危险，那么没有什么东西不可改变。在这种危机中，一场彻底的改革可能是避免崩溃的唯一机会。事实上，我们经常看到新的管理者利用这种变革来拯救公司，例如，雅虎（Yahoo！）的首席执行官玛丽莎·梅耶尔（Marissa Mayer）的弹性工作时间的政策改革，以及黑莓公司（BlackBerry）的首席执行官约翰·陈（John Chen）建议公司从手机制造业务转型为专注软件开发和其他管理服务。当事关公司生死存亡的时候，就会把"一切照旧"的考虑抛到窗外。

然而，我们通常不讨论生存或死亡的场景，更常见的情况是我们讨论的孤立的倡议能否对我们的做事方式有所改进。如果你能从同事那里

---

① 传说在 19 世纪的英国，有位奈德·卢德先生率先砸碎了两台先进的纺织机，开启了破坏机器的先河。"卢德分子"一词用于描述工业化、自动化、数字化或一切新科技的反对者。——译者注

得到认同，改变就能发生。如果新的营销战略或者工厂布局能让事情变得更好，那么唯一的方式就是付诸实践。如果你能得到同事的认同，这种改变就能发生。如果你认为你的想法是解决公司问题的灵丹妙药，且这些问题包括后勤保障、客户关系管理战略或其他任何问题，那么你会得到更有经验的同事的阻挠，因为他们觉得你没有尊重他们长期以来的贡献。然而，如果你把创新的方法纳入到现有体系的框架，并将其作为对现有成功方法的改进，你就更有可能得到支持。因此，关键在于你的创新属于哪一个方面。

从根本上说，你的年长或更有经验的同事渴望得到尊重，这种尊重不仅包括我们在第五章讨论过的个性方面，而且包括他们在整个职业生涯中为之努力的体系和战略。他们珍视创新，但他们认为没有理由将婴儿与洗澡水一起倒掉。[1]

喜新厌旧的"年轻人"

现在，我们刚刚承认了"存在即合理"，即前辈创造的现实总有其合理性，那么，全世界各地的"老家伙"都会为此欢呼："终于有人理解我们了"。如果你是他们之中的一员，你应该感到高兴：我刚替你们把这些话讲给读这本书的年轻人听啦。[2]

但是，我确信你肯定会下意识地认识到，用"一切照旧"这句话来描述职场中所有的事情，简单但却不准确。我们所有人都在不断地把变化融入到日常工作中，我敢打赌——你现在的做事方式肯定有别于两年

---

[1] 既然我们在讨论这个话题，就别把婴儿扔掉。人们都不喜欢这样，并且我肯定这也是非法的。因此，不要扔掉婴儿，这也是本书的一个大的收获。

[2] 像所有人一样，你也容易遗忘，当你年轻的时候，你也像现在的年轻人一样抱怨现状，但我认为没有必要翻旧账。

前。世易时移，你在使用新技术或新方法，你正在处理新法规和不同的客户需求，你雇用了一些新员工并看着老朋友们退休。如果以上这些都没发生，那可能是在过去的几年里，你们公司一直挣扎在濒临破产的边缘——疲于维护与同事、客户和供应商的关系，以求让公司活下来。明白了这个道理，你就会逐渐意识到：事情总是在不断变化的，我们需要去适应这些变化。

如果事实是我们都在不断地将变化融入到我们现有的工作——那么，与年长同事相比，为什么今天的年轻人对变化似乎更加缺少耐心？

有三个理由可以对此进行解释：如果你不是初入职场，那么有一点非常容易理解：倡议变革是年轻人最常用的工具，以展示他们的智慧，赢得他们年长或更有经验的同事的尊重。当我们长大后，谁都渴望被长辈们重点关注，其中我们所利用的最好武器之一，就是提出创新的想法、解决方案、战略和理念。这会导致长辈们犹豫、思考，并最后意识到我们值得他们花费时间精力来关注。这个道理纯粹而简单，它贯穿于整个人类历史，并且，只要人类存在一天，它就会一直延续下去。

因此，一方面，年轻人鼓吹改变，其原因在于，这是历史上年轻人获取认同的方式之一。另一方面与你的特殊情况有更大的关联，如今的世界比以前变化更快。对此你可能以前就听说过，也可能听说了很多次，直到听得直翻白眼。它本身是一个无用的评论，有时候人们用这种温和的一次性句子，是想表明他们想做与众不同的事情的愿望。一个句子重复一百次就变成了真理。生活中，"在黑暗中读书对你的眼睛有害"，这句话我听到过千万遍了，但并没有确切证据证明它是对的。因此，"现在的情况比以前变化得更快"，这种说法是一种误导性的智慧吗？

不幸的是，答案是"不"。现在的事物确实比以前变化得更快，并且可以用一个简单的例子来证明。1950—1980年这三十多年里，我们的沟通方式并没有发生根本性的变化。如果你想和异地的朋友交谈，你要么给他写信，要么使用座机电话。它们是你仅有的两个选择，30年里并没有变化。

然而，1980—2010 年这 30 年中，情况发生了翻天覆地的变化。在过去的 30 年里，很难准确确定到底出现了多少新的交流方式，在此轻易就可以列举出：

- 移动电话
- 电子邮件
- 带有手写笔的掌上电脑（还记得吗？）
- 文本消息
- 视频聊天
- 即时通信
- 虚拟会议

我可能还遗漏了一些其他交流方式。重点在于，1980—2010 年这 30 年里，我们在现有的组合中增添了一些新的交流方式。尽管这似乎不算很多，但远远超过 1950—1980 年我们所使用的交流方式。

这也许能让我们从更清晰的视角看问题。婚恋网（Match.com）成立于 1995 年，它通过允许素昧平生的人通过互联网寻找真爱，颠覆了上千年来固有的求偶方式。仅仅 20 年后，超过 1/3 的婚姻通过网恋实现。网飞公司（Netflix）成立于 1997 年，它通过引入邮购数字化视频光盘（DVD）的方式，基本上摧毁了传统的电影租赁业务。① 仅仅 15 年后，一半的美国家庭订阅网飞公司、葫芦影片（Hulu Plus）、亚马逊尊享（Amazon Prime）或其他视频流媒体服务。蒂维公司（TiVo，一种数字视频录像机）成立于 1999 年，它革新了我们看电视的方式，并彻底改变了广告的收入模式。仅仅十多年后，即 2012 年，半数美国家庭都在使用硬盘录像机（DVR）。iTunes（一款数字媒体播放器）在 2001 年出现，它永远地改变了音乐产业。2013 年，数字音乐收入占到音乐产业全

---

① 家庭影院除外，它的成长和成功在一个衰败的行业里可以用一整本书来解释。

球总收入的 39%。YouTube（一家视频网站）使得每个人只要有一个相机，就能成为演员、导演、教师、记者、专家和评论家，它于 2005 年注册，两年后的 2007 年，它占用的宽带相当于 2000 年的整个互联网。现在，它是世界第二大搜索引擎。

正如你所看到的，这些创新出现后，都在不到 20 年的时间里，从根本上颠覆了一个行业的格局。相比之下，第一款汽油动力的汽车诞生于 1886 年，20 年后，只有不到 8% 的美国家庭拥有一辆汽车。由一系列复杂技术组合产生的电视机诞生于 20 世纪 20 年代，到 1948 年，只有 0.4% 的美国家庭拥有一台电视机。因此，我们"这个世界变化速度比以前更快了"，这种观点是正确的。但是，这句话已经是老生常谈毫无新意了，我们来换一种表达方式。

如果你是"老家伙"——也就是说，在互联网兴起之前你已经长大成人了，那么对于你来说，今天世界的变化的确比以前快。相对于你年轻时的经历，不管是以每天、每周，还是每月计算，变化的数量都在增长，可以说变化的速度是加快了。

但是，如果你是"年轻人"——你是在互联网兴起之后长大的——那么，你会认为今天变化的速度和往常相比并没有什么两样。

关键就在这里，今天的年轻人已经习惯了这种变化速度，他们一直就生活在这个快速变化的世界里。更重要的是，对他们来说一切都很正常，这也是他们为什么喜欢变化的原因。

当我们讨论针对变化的不同态度时，互联网的崛起就像一把手术刀，把我们分成整齐的两个群体。这并不是说，所有的"老家伙"都因循守旧，所有的年轻人都热衷改变。但是，它意味着"老家伙"几乎都是在被迫适应这个变化的世界，而年轻人几乎就是出生在这样的环境中。这种区别同时也导致了困境的产生，许多"老家伙"希望世界的变化不要那么快，因此，对于新想法他们偶尔会表现出习惯性的排斥；而许多年轻人阅历较少，对现有的"最佳做法"缺少敬意，其原因在于他们经常发现所谓的"最佳做法"每18个月就会被替代。

对当今世界变化的速度存在不同看法,最重要的原因可能是"年轻人"和"老家伙"会站在不同的角度看待变化。很简单,这两代人的成长经历不同,他们对于变化的发生和速度有着不同的期望。如果你是一位"年轻人",会因"老家伙"抵触变化而充满挫折感。尝试去理解别人的抵触可能是由于这样的事实,即她正在努力应对来自外部经常性变化的压力。如果你是一位"老家伙",尝试说服年轻同事以一种更合理的速度工作,请一定记住,他可能会更倡导经常性的变化,因为他所接受的教育使其相信,如果自己改变得慢,就会被世界远远地抛在后面。

还有第三个因素在起作用,它是商业世界中最危险的词汇之一:骄傲自满。

骄傲自满的后果

如果你读过许多商业类的书籍,你会发现骄傲自大的公司是注定要失败的。由于在早期智能手机市场引领风骚,黑莓公司逐渐变得骄傲自大起来。面对苹果和三星席卷和控制智能手机市场,黑莓公司的骄傲自大使其应对乏术。[①]百视达(Blockbuster)公司因其商业模式的成功而变得骄傲自大,因此,当网飞公司和红盒子公司(Redbox)以新的商业模式出现时,百视达却反应迟钝。在一个骄傲自大的企业中,创新像蜗牛爬行一样迟缓,并最终落伍于时代。其中的影响因素包括消费者口味的变化、经济放缓、新技术的应用,或者其他重大事件的发生。

骄傲自大对个人同样有害。研究表明,在飓风和龙卷风频发的地区,

---

① 在我写这本书的时候,黑莓公司正在努力摆脱困境,如果它能成功改变,使自己成为软件公司或者安全软件供应商,就像它现在正在努力做的事情一样,这将会为公司赢得极大的信用。但是,这种成功不能弥补其早期骄傲自大所带来的损失,即它丧失了在智能手机市场的主导地位。

人们更容易忽略灾害预警，特别是当那些警告没有引发灾难或只有较小的灾难时。与此类似的是，尽管在事实上艾滋病毒感染率上升，但是艾滋病毒呈阳性的病人并不愿意做进一步的检测，这在很大程度上归因于艾滋病已经成为一种慢性（而非致命）疾病。当我们变得骄傲自大时，我们就会较少地采取预防措施，并对风险缺少足够的预测。

然而，骄傲自大真正的危险是，它往往无法被事实完全验证。例如，我们每年冬天都被鼓励去接种流感疫苗，每年都有数百万人选择不去接种，并且也避免了感染流感。公司里每年都有人在讨论潜在的风险或发展的良机，有些威胁根本没有出现，许多机会也没有所设想的那么美好。在这种情况下，骄傲自大和不作为有时是一种完美的行为，它强化了我们的信念，即骄傲自大是可以接受的。因此，一次一次又一次，每一次危险都没有发生，我们逐渐会变得更加骄傲自大，侥幸心理会越来越严重，直到灾难终于降临、威胁变成现实。这时，最骄傲自大的人会陷入困境，而其他准备充分的同事和竞争对手却能安全过关，或者吸取别人的经验教训。

有趣的是，骄傲自大是由经验重复造成的。如果我们听到足够多的灾难警报，但却没有经历过真正的灾难，我们大多数人就开始逐渐忽视警告。如果你的朋友总是抱怨，而不去做任何事，你肯定不会去进一步相信他的抱怨。如果你的公司年复一年总在盈利，你将会较少关注客户流失或新兴的竞争对手出现。

另外，经验重复是时间因素在发挥作用。我们经历的时间越久，就越会重复做某些事情。这意味着我们年龄越大或者经验越丰富，我们就越有可能对自己现行的做事方式更有自信。一般来说，我们以某种方式取得的成功越多，我们就会越低估采用新技能或改变现有做法的价值——既然这种方法行之有效，取得了这么大的成功，我们为什么要进行改变呢？

注意，不要把骄傲自大的倾向理解为是对"老家伙"的一种批评，对现有做法的珍视应被理解为一种赞美，这是我们成长的表现。随着年龄增长，我们都会积累足够的经验和成功，以至于对带给我们成功的经验格外珍惜。同时，我们珍视过去的成功，并贬低新方法。所有人都有此偏好，这在很大程度上解释了为什么"年轻人"总是表现出缺乏耐心的情形（他们没有足够长的时间来理解现有体系的价值），而"老家伙"经常固守自己的行为方式（他们阅历丰富，并对自己熟悉的成功沾沾自喜）。

挑战：何去何从？

当涉及处理遵循经验与追求创新之间的紧张关系的代沟问题时，我们往往会面临双重挑战。一方面，尽管年轻人或经验较少的人缺少亲身体验，他们本能地期望事物将会（或应该会）变化得越来越快，但你需要承认他们重视和尊重现实。另一方面，你需要鼓励年长同事去遏制自然冲动，以防止他们对过去带来成功的做法洋洋自得。在这两种情况下，你要求人们积极抵制一些因素，这些因素使大多数"年轻人"变得急躁，使"老家伙"变得骄傲。

换句话说，你是在要求人们进行专门训练，这是成为专业人士的关键，如冰球、芭蕾、变革管理、裁缝，或者改革创新者们。正如我们在第五章指出的，训练的质量比数量更重要。下面引用的是安德斯·埃里克森（Anders Ericsson）的话：

> 我们认为，专家的绩效显著优于一般人，一些专家甚至有一般人没有的个人特质。然而，尽管有些人存在某些先天禀赋，但我们不认为这种差异不可改变。除了个别或特殊方面的天赋差异之外，我们认为，普通人与专业人士在一些领域的差异能通过长期的训练得到减小和改进。

换句话说，随心所欲去做事最终将限制能力的提升，与此相对应的是，强迫自己突破自我有助于个人成长。一个棋手如果花费 10000 个小时去和同一个对手对弈，那么他永远不会变成大师。大师是花了 10000 个小时去和不同的对手对弈，分析不同的策略，阅读棋谱，学习他人棋艺，与同行交流，并积极抵制降低比赛难度的心理偏好——这种偏好是不愿意同可能会使自身水平提高的棋手比赛。

这就是专门训练，专门训练有助于"年轻人"更加珍惜现有体系，并使"老家伙"更愿意考虑创新的想法。

那么，这一切该怎么做呢？怎样才能鼓励你的同事和员工克服惰性去努力训练提升自己？怎样才能让人有意识地进行潜心修炼，通过训练把一名普通运动员变成奥运选手？期待你所在的整个团队、部门，乃至公司成为世界一流，实现创新的常态化的想法是否合理？

如何脚踏实地并付诸行动？

总之，期望所有员工都成为专家，既合情又合理，同时又不是一件高不可攀的事儿。原因在于立足现实、改变和创新是我们每个人都能做到的。每个人在其一生中都会用各种不同的方式取得成功，每个人在其一生中都在持续不断地改变和创新，有时候会快一点，有时候会慢一点，但改变和创新都在不同程度地发生。然而，正如我们在本书中所讨论的许多事情一样，我们在这个过程中经常会迷失自己。如何脚踏实地并付诸行动？这里提醒大家记住以下内容。

和前面一样，第一步是弥合以固守经验、主动改变和创新为标准的代际分歧，寻找彼此的共同点和相似点，壮大"我们"的队伍，减少"他们"阵营的规模。

职场两大群体的共同点

1. 变化是自然发生的，我们每个人都不断地将变化融入到我们的日常生活中，这种变化既包括个人生活也包括职业生涯。与一年前相比，我们都在变化，一年后我们也不是现在的我们。在我们的职业生涯中，我们现在的工作方式肯定与一年前大不相同，当然也会和一年后的工作方式大相径庭。

2. 当我们追求成功或规避失败的时候，所有人都会自然地寻找复制成功或规避失败的方法，其结果是，我们倾向于对我们行事的方式感到满意而不愿意对其改进。

正如我们所知，人们喜欢从众。如果我们成功了，或者至少我们规避了失败，那么，我们就希望继续保持以往的行为方式。同时，在不断变化的环境中，我们也一直在寻求改变与创新。这个规律是永恒的，可以跨越年龄、性别、文化和时空的限制。一旦面对是遵循固有经验还是追求创新的选择，人们总是倾向于抱团，总是取决于"我们"还是"他们"的共同选择。

在这一点上，代际的差别相对较小，易于观察和控制。

解码"年轻人"的思维和行为方式

1. 由于"年轻人"几乎没有利用你的现有做法获益的经历，因此，他们更倾向于淡化或忽略这些实践的价值。

2. 现代的"年轻人"倾向于期待变化迅速发生，原因部分在于他们生活在一个不断变化的世界。其结果是，与年长者和更有经验的同事相比，"年轻人"往往会推动变化更为经常和快速地发生，不是因为他们认为现有做法已经失败，而是因为他们对持续变化的理解就是变化速度应该快。

解码"老家伙"的思维和行为方式

1. 因为他们从现有的实践和做法中获益甚多，他们更倾向于固守这种实践和程序，而不愿意将其替换为那些未经检验的方法。

2. 由于骄傲自满是时间、经历和重复造成的，因此，与年轻的同事相比，年长者更易于陷入盲目自信的危险之中。

这些问题的许多方面，都不是代际差异导致的。传统世代、"婴儿潮"世代、X世代、"千禧"世代并没有固定的标签，如谨慎、固执、冒险、灵活或其他特征。随着年龄和阅历的增长，我们自身的行为方式会发生改变，对遵循经验、追求变化和创新的态度就是对其的反映，当今时代发生的事情与过去几百年以来并没有什么不同。科技和互联网的兴起可能强化了职场资历较深和较强的人之间的分化，然而，自从人类出现之后，这种代际的紧张状态就一直存在。

这似乎有些令人畏惧——在整个人类历史中，我们一直在试图解决这些难题而不得。但实际上解决方案反而很简单，你只需要做一些别人一直在做的事情：鼓励职场的年轻人角色互换，站在年长或更有经验的同事的角度观察问题，反之亦然，即需要每个人都学会换位思考，就这么纯粹和简单，不需要任何新的策略和办法。

也许你的想法是让你的员工或同事严格按照过去的方式来行事，或者，也许你想鼓励那些十年没有改变工作方式的人考虑采用新方法。不管怎样，我尊重你的想法。但是，我不得不再重复一遍（我敢肯定你已经厌倦了听这些话，但我不得不说）以下策略，试一试这样做吧，相信我，没错的。

阐明遵循经验与追求创新的重要性

- **向你的同事和员工解释你为何如此行事。**如果你已经工作了一段时间，很明显你要解释自己为何以此方式来工作。但是对于普通的年轻人，尤其是对新员工来说，他们还没有形成自己明显的特色，这不是他们的错，他们只是没有与你相同的阅历。因此，当他们问你为何以此方式来工作时，不要把他们的问题理解为个人攻击；相反地，你要把那些问题看作向你学习工作经验的善意尝试。你对自己做事方式合理性的解释越清晰，你越能得到别人的认可。如果你对自己的行事方式不能提供合理的解释，那么，很可能你的行事方式并没有想象中那么完美。

- **用案例或事实来说话，思考我们是如何从以往惯常的行为方式中受益的。**有时候某些同事或员工（往往并不是年轻人）非常顽固，他们无视你的工作方法的价值，甚至当你解释了内含的合理性之后也无动于衷。如果出现这种情况，那么说明你所面对的人往往倾向于不相信新体系总是优于现有体系。那么，你要去证明他是错的。你要指出通过电子邮件或短信联系客户的好处，或者要求这个人概述现场检查的优点，因为电脑程序并不能复制现场检查。如果这些还不奏效，可以让这个人尝试用你的方式工作一段时间，然后写一篇报告，详细说明你工作方式的优点和不足。在迫使他或她承认需要熟悉现有工作方式的同时，你要大胆放手，让你的同事提出更好的工作方式。在实践的最后，起初抵触你的同事几乎肯定都会意识到，你的现行做法和程序至少有其可取之处，并且你最终也会进一步改进你的工作方法，这样做可以有效地实现双赢。

- **提醒那些讨厌改变的人，其实变化一直贯穿于他们的个人和职业生涯中。**当变化不可避免——或者更糟的是，当变化倒逼我们时——人们必然会坚定立场，誓死捍卫所拥有的一切。（通常，那些"老家伙"更容易这样做。）新职务、新职责、新技术、新规则、新客户、新预算——甚至你公司中最厌恶改变的人都在应对变化，并逐渐适应，而许多变化都是在近几年发生的。如果你能够认为现有的改变是企业自然进化的延续，而不是将它看作在完好无损的道路上兜圈子，那么，你就会减弱那些最顽固的同事和员工的抵制，至少他们会被迫以开放的心态听从你的建议。在下一章我们也会重新阐述这个概念。

- **用失败案例来说明"一切照旧"也是有其合理性的。**我们再次期待读者阅读下一章，这样就可以用"接受教育的机会"作为最好的失败案例。如果你的年轻同事或员工坚持认为，只有不惜一切代价进行改变才是唯一出路，那么用这个案例你可以证明他们的观点是错误的。除非你得了失忆症，否则找到没按你的方式去做而失败的事例并不困难，这些事例有助于证明有时坚持现行方式不变是多么明智。正如上面所讨论过的做法，可能你不会得到完全和无条件的支持，但至少你的同事会以开放的心态听从你的建议。

- **让每个人都牢记一个事实：当今变化的发生比以前更快。**科学技术革命可以保证这种观点的正确性，社会几乎没有可能退回到以前那种缓慢做事的方式。然而，许多人都听说过"当今变化的发生比以前更快"这种老生常谈的论调，但却找不到具体的案例去证明。本书找到并提出了一些具体案例，来证明世界在加速变化的真实性。有些人可能不喜欢这个事实，但如果你能让他们承认现实，当你下次再讨论实施了六个月的新政策或新电脑系统时，他们就会更愿意保持开放的心态。

- **时刻努力，构建积极并反对骄傲自满的组织文化。**做到这一点比较困难，因为这涉及改变或修改现有的企业文化，它需要很长的时间。年轻人通常认为变化是积极的、不可避免的，并对自己的信念信心满满，而"老家伙"通常更倾向于保持现状，认为现有的方式是最好的。这两种截然不同的态度都会产生错误的结果，因此，经常提醒人们这种态度的危险性是必要的。所以，即便是某些事情取得了成功，也要提醒他们：没有成功能够永远持续下去，或者鼓励你的员工继续学习。如果你在办公室里贴上警示的标志或激励性的海报，人们就不会习惯性地忽视这些信息，这最终能够潜移默化地影响他们的态度。重要的是，你要竭尽所能让你的团队相信，没有人永远100% 正确。做到这一点其实很容易，本书将在下一章具体讨论这个问题。

至于遵循经验与追求创新谁更重要，记住一点：没有人能永远100% 正确。有时候遵循经验"一切照旧"就是最好的，而有时候改变则必不可少，找到能分别体现这两种行事方式是正确的案例并不困难，这样做的结果，会自然而然把每个人分到"我们"或"他们"两个阵营，既有人相信前者，也有人坚定地相信后者。

这样做只能从理论上解决职场管理变革的问题，然而理论永远是灰色的。从理论上说，假如我从没有输过网球比赛，而其他职业选手都或多或少输过比赛，那么我就是世界上最好的选手。

同样，让"年轻人"和"老家伙"们接受这个道理是一回事，而当面对需要解决特定的现实问题时，他们完全同意你的观点又是另外一回事。出版商曾专门告诉我这个问题一定要写清楚——所以我用了后面整整一章来阐述这个问题。

与职场"年轻人"们共事的策略
（第 1—16 条重温第四章和第五章内容，其余重温本章内容）

1. 在新员工报到第一天就帮他们印好工作名片。
2. 给新人一个在所在部门或团队成员面前报告其所擅长工作的正式机会。

3. 要以最短时间记住新同事的名字，记得打招呼时叫出对方的名字，并尽可能多地给予鼓励和支持。

4. 如果你是一名管理者，记得告诉所有下属，只要他们需要你就会挺身而出并仗义相助。

5. 定期向下属征求对工作的意见和建议。

6. 记得每周或每个月定期邀请同级和下级一块吃顿饭。

7. 如果你是主管或经理，记得主动询问员工除了公司提供的工资和福利外，还需要什么支持。

8. 作为导师，向你的下属提供服务，或者制订指导计划。

9. 用制度保证给年轻人提供施展技能和才华的机会。

10. 如果你周围有工作态度不成熟的职场"新生代"，这时候，你只须把他们跟其他员工的一般工作水平作比较，就能理解和接受他们当下的状态了。

11. 把你自己的职业生涯成长之路与职场后辈们分享，以引导和激励他们。

12. 为即将退休的老同事举行欢送会，以此为机会向年轻同事灌输感恩之心。

13. 定期重点表扬那些经历过多次失败和其他挫折后成功的人。

14. 强调职业成功与个人成功的高度相似性。

15. 寻找合适的机会告诉他们，年龄和经验并不存在必然联系。

16. 如有必要，要果断解雇不胜任工作的"年轻人"。

17. 向年轻人解释你为何如此行事。

18. 寻找案例来说明，在有些时候，我们是如何从一贯的行为方式中受益的。

19. 用先前的失败案例来说明"一切照旧"在特定时候的价值。

20. 让每个人都牢记一个事实，即当今变化的发生比以前更快。

21. 努力构建积极反对骄傲自满的组织文化。

与职场"老家伙"共事的策略
（第1—13条重温第四章和第五章内容，其余重温本章）

1. 如果你是一名管理者，记得告诉所有下属，在必要的时候你一定会为他们出头。

2. 定期向下属征求其对工作的意见和建议。

3. 邀请你的同事和员工每周或每月定期共进午餐。

4. 询问你的同事和员工他们与公司长期同舟共济的原因。

5. 如果你是主管或经理，主动询问员工除了公司提供的工资和福利外，他们还需要什么支持。

6. 用制度保证给你的员工发挥技能和才华的机会。

7. 告诉你的经理或其他高层领导，你打算和这家公司共同奋斗到底！

8. 找一个年长者或经验更多的人，并要求他或她做你的导师。

9. 如果你比你的多数同事都年轻或缺少经验，你就要努力工作。

10. 定期重点表扬那些经历过多次失败和其他挫折后而成功的人。

11. 强调职业成功与个人成功的高度相似性。

12. 寻找合适的机会告诉他们，年龄和经验并不存在必然联系。

13. 如果必要的话，鼓励不胜任工作的"老家伙"提前退休。

14. 提醒那些抗拒改变的人，其实变化一直贯穿于他们个人和职业生涯中。

15. 让每个人都牢记一个事实：当今变化的发生比以前更快。

16. 努力构建积极反对骄傲自满的组织文化。

第七章　变革的决策

　　为什么有些同事不断地鼓动变革，而另一些人却进行抵制？现在你知道原因了吧。我们还解释了现实中的工作方式其合理性的一面，同时也告诉大家，变化和创新是职业生涯里的一个必要组成部分。因此，从理论上讲本书到此应该没有什么好讲的了。

丽萨的故事：我对变革的看法

　　今年59岁的丽萨为一个跨国汽车制造商管理着一家位于德国的工厂，以下是她的自述：

　　6周前，我们这里新来了一位运营副总裁，他新官上任的第一把火，就是对我们的设计流程进行彻底改革。目前，我们的分厂独立负责对车辆零部件的设计，其他的大多数分厂都使用同一套电脑程序来进行设计，这使工厂之间能够共享统一的软硬件设施，但同时也有一些分厂却还在使用更陈旧的系统。过去这种不一致偶尔会产生问题并带来生产延误，这次我们的新副总裁决定要解决这一问题。

　　我们大多数人期望，应该强制那些使用陈旧系统的工厂将系统进行升级，以便与大多数工厂使用的系统一致。在那些工厂工作的同事居然表示反对，因为他们已经熟悉他们的系统，如果对系统升级，就需要进行大量的培训。很显然，所有人都应使用相同的工作软件系统，因此，我确信对那些陈旧系统进行升级是不可避免的。

我们的新副总裁却有完全不同的想法，他希望我们使用相同的软件，但是他希望将所有的工厂都升级到一个全新系统。当他召开全体会议，向大家展示新系统时，我感到格外震惊。这是一个我们所有人从未见过的系统，能用全景图像展示完成设计的整个流程。有些同事曾听说过新系统，但我们都没有亲眼见过。相比早已习惯使用的系统，它非常完美，我们无法否认它的优势。然而，安装新系统耗资巨大，由于它是一个相对较新的软件，这意味着可能会产生各种各样的错误和问题。与解决旧系统带来的问题相比，新系统产生的错误和问题可能会带来更多的延误。

可以说，副总裁的新想法备受争议。在接下来的一段时间，所有人对此议论纷纷。一半人认为新系统代表了未来，而另一半人则认为新系统是公司有史以来最糟糕的软件。

在我们谈论客观世界的特定情况时，理论往往不堪一击。即便你成功地说服每个人都承认变革是我们日常生活中都在经历的必然，但当尝试实施新政策、新程序和开发新产品时，你仍旧会遇到阻力。为什么理论和实践不一致？为什么有些人——年轻人或年长者——口头上承认需要改变，而实践中却抵制变革呢？

别着急，正如其他类似问题一样，本书对此也会给出合理解释。考虑到我年轻的时候也偶尔穿过小鸡套装（a full-body chicken suit）①，我想最好还是透过时尚的镜头，来解释这个问题吧。

变化中的流行时尚

铁打的职场，流水的时尚潮流。让我们回到 20 世纪 50 年代，也许你能想起当时的流行风尚，也许你只是在电影里看到过。那个时代的人

---

① 那是真实的故事，你可以抽空问我故事详情。

比较保守，男性都必须戴帽子、着正装和穿锃亮的皮鞋；女性则要穿礼服出席正式场合，并精心护理她们的头发。人们为保持优雅的外观而骄傲，即便在日常生活中也是如此。事实上，即便加油站的服务人员也会熨烫工作服，使其硬挺整洁。很显然，并不是说在 20 世纪 50 年代每个人都如此着装，但是，这种风尚流行了整整 10 年。

然而，到了 20 世纪 60 年代，人们的审美观就发生了变化。人字拖鞋、扎染衬衫、留长发、穿短裤、穿无袖背心、留那种能让中土矮人^①嫉妒的胡子。女人们有时会把窗帘裹在身上，并称之为礼服，男人们会选择穿紧身裤。今天的"老家伙"经常对"年轻人"的邋遢时尚颇有微词，但他们忘记了自己才是邋遢时尚的始作俑者。再说一句，在 20 世纪 60 年代，也并不是每个人都穿成这样……但无论如何，20 世纪 60 年代的时尚和 50 年代正好相反。

事情就是这么怪。到了 20 世纪 70 年代，马毛靴子和格子休闲西装开始流行，这使得女人们看起来都像戈戈舞者（go-go dancers），而男人看起来都像穿着他们祖父母的桌布。到了 80 年代，牛仔夹克、护腿、狭长的墨镜以及闪亮的皮裤成了标配。女人们每天早晨都会在头发上喷洒大量发胶，龙卷风对她们的刘海都无可奈何。到了 90 年代，放眼望去，所有人都像失业的伐木工人，身着短夹克衫、破旧的牛仔裤和法兰绒衬衫成为时尚。

至于今天，通过 1 个月的观察，我只想说，人们在工作的时候是这样打扮的：有位女士把头发染成粉红色，把眉毛涂成蓝色；有位女士在面部打了 14 个或 15 个孔，并且剃掉了一半的头发；有位男士头戴软绒帽，身穿三件套勃艮第西装，脚穿保龄球鞋；有位女士穿 T 恤、拖鞋和睡裤；有位男士穿用一根绳子系住的亚麻瑜伽裤；一位衣冠楚楚的女士，她的

---

① 电影《霍比特人》和《魔戒》中的人物形象。地球上有三块大陆，其中最古老的是东方的中土（Middle Earth）。——译者注

一条手臂上却布满了纹身；一位名叫凯尔（Kyle）的男士身穿领尖钉有纽扣的衬衫，这是他专门从寄售商店购买的，因为在衬衫左胸前的口袋上绣着"比利"（Billy）的字母组合，他感觉十分有趣。正如我所说的，今天的时尚精神正经历着多重人格混乱的折磨。

在过去的60年里，有两个重要的因素被排除在流行时尚演化之外。首先是时装款式，很多人将其视作职场中代际差异的典型标志，这种认识一直存在。其实，今天的"千禧"世代在着装风格和款式方面，与20世纪60年代和70年代的"婴儿潮"世代、20世纪80年代和90年代的X世代所做的并没有显著不同。同时，早在20世纪50年代末，"年轻人"就开始不断挑战传统时尚。这个例子很小，但它与本书要表达的主题密切相关：我们在职场中面临的代际问题与人们经常所说的代际问题并没有什么不同，即职场代际群体可分为两类而不是四类。

通过以上对不同时间的流行时尚的回顾，似乎所谓的流行时尚一直在不停地演变，新旧时尚在更替，真的是这样吗？当然不是！我们以现在的商务套装为例，它其实和20世纪50年代的商务装并没有什么根本的不同。当然，区别肯定是有一些的。今天，人们更经常穿网球鞋，男人选择不打领带，但仍旧看起来十分职业；女人既可能穿裙子也可能穿裤子。但是，把20世纪50年代的商人与2015年的商人逐项比较，你会发现相似性大于差异性。

在过去的60年里，太多曾经的流行时尚已经被证明到头来都是虚幻，连昙花一现都算不上。扎染衬衣在服装市场并没有真正占据一席之地。同样，休闲服、乞丐装牛仔裤和其他曾经风靡一时的服装也是如此。实际上，大多数时尚"创新"对服装行业几乎没有什么影响。60年来，我们走过的时尚弯路最后都导致了失败，我们或多或少还停留在20世纪50年代时尚服装的观念上。

为什么会有人抵制新观念？

为什么用这么的长篇幅来描述流行时尚在过去 60 年中的演变？因为时尚的演变为解释人们为什么抵制新观念提供了一个完美的样本，曾经出现过许多新观念最终也都没有获得成功。有时一项新产品流行 1 个月或 1 年后就销声匿迹了，有时实施一项新计划的花费会 5 倍于预期成本。换句话说，有时在推行一个新观念的效果方面，理论和实践差距甚大，所以我们更愿意忽略它们并且坚持原有的工作和做事的方式。

如果你不相信，请看下面的案例：

● 1980 年，先锋公司（Pioneer）推出家用激光影碟机（laserdisc），直接挑战录像机（VCR），后者产生于 1977 年。[1]与录像带相比，影碟拥有更卓越的图像质量，不需要倒带，它就能跳到任何你想要的画面，并且拥有更多的音频通道。与录像带相比，影碟机又重又大，储存的数据还少，并且不能刻录或覆盖。但是，与追求更高的质量相比，绝大多数消费者选择的是方便和记录能力。在美国，影碟机的年销售量为 200 万台，而录像机在 1985 年卖出了 1100 万台，在 1988 年卖出了 980 万台，在 1989 年卖出了 950 万台。

● 20 世纪 90 年代是手机和移动手游人气暴涨的时代。然而，一开始这些设备是分离的，消费者必须随身携带两个终端。2003 年，诺基亚（Nokia）推出 N-Gage 作为双平台装置，它既能打电话也能玩游戏，玩家甚至可以通过蓝牙连接进入另一个游戏设备。这是一个非常好的想法，事实表明，游戏是现代智能手机的关键特征。然而，这在当时是一个非常超前的想法，原因在于触摸屏技术尚未成熟，N-Gage 需要消费者使用手机按键控制游戏。另一个选择是把电话按键和视频游戏控制安装在同一个装置上，这

---

① 早期的影碟机价格在 1000—1400 美元之间，也是早期 iPad 的两倍。

又使得手机的体积庞大。对于诺基亚来说，不幸的是用户发现使用游戏设置非常困难，并且在接打电话时，设备本身极不方便。所以，N-Gage 在其发布的年度，销量仅为任天堂公司（Nintendo）开发的便携式游戏机 GameBoy Advance 的百分之一。

- 1999 年 2 月，Flooz 网站（Flooz.com）成立。在比特币（Bitcoin）发行之前，Flooz 网站尝试创造一种网上交易的新型货币，可以与互联网零售商之间进行购买和兑现。唯一的问题是，没有充分的理由让大家去选择 Flooz，而不使用信用卡、礼金卡或其他支付方式，除非你想通过这种方式洗钱，即先把你的资金转化为虚拟货币，然后再把虚拟货币转换成金钱。到 2001 年年中，Flooz 的经营每况愈下，市值仅剩 19%。在花掉了 3500 万—5000 万美元的风险投资后，该公司于 2001 年 8 月 26 日宣布倒闭。

- 1998 年 1 月，在谷歌公司成立 8 个月前，迪士尼公司决定进军在线搜索，并成立"去哪里"网站（Go.com）。为了与雅虎和远景（AltaVista）进行竞争，"去哪里"网站应该是一个综合性的搜索引擎，通过广告收入来盈利。然而，产权归迪士尼所有意味着"去哪里"网站必须过滤掉所有内容与迪士尼品牌不一致的广告。其结果是，"去哪里"网站从一开始就注定最多只能算是功能不健全的搜索引擎。用户想要直接访问在线内容，而不是在搜索他们想要的内容之前先看迪士尼的广告（你会惊讶于谷歌的主页是如此简洁）。这导致"去哪里"网站在亏损 7.9 亿美元后，于 2001 年 1 月倒闭。

- 2003 年，My Space 网站成立，并迅速成为当时最流行的社交媒体平台。事实上，它是如此成功，以至于仅仅两年后，经过与维亚康姆（Viacom）激烈的竞价战，鲁伯特·默多克（Rupert

Murdoch）的新闻集团花费 5.8 亿美元收购了它。① 当时，人们都认为这是一场伟大的商业收购。事实上，之后的 2 年也证实了新闻集团的乐观：2006 年，My Space 超过谷歌成为访问量第一的网站。2007 年，My Space 市值为 120 亿美元。然而后来，由于众多的原因（这需要另一整本书的篇幅以充分阐述），人们就以当初被吸引过来的速度开始抛弃它。到了 2011 年，公司的命运急转直下，新闻集团决定把 My Space 出售给 Specific Media，一家由贾斯汀·廷伯莱克（Justin Timberlake）创立的投资公司，成交额为 3500 万美元，仅为 5 年前收购时的 6%。后来，鲁伯特·默多克声称收购是"一个巨大的错误"。

- 1993 年，泰·沃纳公司（Ty Warner, Inc.）一次性发布了 9 款豆豆娃娃（Beanie Babies）玩具，一度十分流行。后来，公司限制生产量的政策和即将更换系统的传言，使得人们确信这些豆豆娃娃很快就会升值，于是，人们开始将收集这种 5 美元的玩具作为一种投资。在一段时间里，许多豆豆娃娃卖到了几百甚至上千美元。1998 年年底，一家研究豆豆娃娃市场的有影响力的杂志预测说，投资"条纹黑老虎"豆豆娃娃的价值为 250 美元，到 2008 年将上涨到 1000 美元。然后，一切都轰然倒塌，其速度就像 2007 年的房地产泡沫破碎一样。今天，"条纹黑老虎"的售价仅为 2008 年预期的 1%，不止一个纪录片（如《豆豆娃的破产》）证实的结果是，一些投资者损失了数十万美元。

类似的例子可以一直举下去，但是有一点非常清楚：创新的观念有时候也会失败。这很简单，我们都经历过类似的事情。有时候我们之所以会抵制新观念，是因为我们不想又一次经历可能的失败。

---

① 维亚康姆收购 My Space 的失利导致了其总裁汤姆·福莱斯顿（Tom Freston）的离职。

　　事实上，对改变的抗拒源于我们的经验判断，而非年龄大小或经验的多寡。我们从出生后就开始积累失败的教训，如被炙热的火炉烫了一下、从自行车上摔下来、考试不及格、放弃高难度的钢琴课程等。等到开始职业生涯时，我们在很多事情上已经历过很多失败，这导致我们对新生事物的解决方法会产生一定程度的恐惧感。几乎可以肯定的是，职场中既有年轻人也有年长者，他们可能都会抵制新观念。一些年长者会本能地对新建议说"不"，你也可能会遇到一些年轻人，他们甚至可能比大多数年长者或更有经验的同事更固执地坚持己见。在任何情况下，不管是谁都是更倾向于考虑潜在风险而不是考虑潜在的收益。所有人，都会这么做。

　　然而，"老家伙"比"年轻人"更不愿意改变的刻板印象在现实中依然存在。这是为什么呢？如果抗拒改变归因于一个人的态度而不是其他，那么，为什么"老家伙"会比"年轻人"更加抗拒改变？

　　很简单——因为他们年龄大了。在第六章中我们探讨了随着年龄的增长，不断成功（或反复成功）如何导致骄傲自大。与此同时，随着年龄的增长，我们也经历了很多的失败。年龄越大，我们经历过的事情也就越多，我们对许多经历过的事情就会有新的认识：为什么本来不应该发生却发生了！正如老是取得成功会导致骄傲自大一样，不断失败也会导致更谨慎和多疑，除非内心强大到对失败产生的消极后果具有免疫力或者漠不关心（有这种人吗？），否则就一定会产生前面所说的抗拒改变的消极影响。与 25 岁的人相比，一个 60 岁的人经历过更多的成功和失败，因此，他会因为自己不断的成功而变得骄傲自大，也会因自己的失败而变得更加谨慎。当然，这个结论并不绝对。人性中都有这么一个弱点，即很多时候并不会将事情做到尽善尽美，这个弱点会随着年龄和阅历的累积而越来越明显。

　　实际上，"老家伙"的存在给职场带来了许多益处，其中之一就是他们具有的强大的洞察力，这种能力是随着年龄和阅历的增长而获得的。

在许多情况下，"老家伙"并不是对新观念或创新带来的潜在风险问题进行分析，而是将其与几年前所亲身经历的事情进行比较，然后决定采取何种行动。离开了他们的这种洞察力，新观点往往只能是基于理论假设，而不可能有任何具体的实质内容。

所以，如果你跟年长或更有经验的同事分享新想法并遇到阻力，你会认为他们是在故意跟你赌气。他们可能讨厌你和你的想法，但更可能的是，他们只是在极力避免做出一个坏的决策而已。也许你的想法使他们想起几年前他们就已经尝试过但失败的事情。也许他们不相信你的理论上的、未经检验的方法会比已知的、久经考验的现行方法要好。不管这种犹豫不决的背后原因是什么，他们最终的目的就是避免犯错。因此，在这种情况下，你要鼓励他们表达自己内心的想法，他们的质疑会让你更好地反思你的新想法的不足之处，毕竟你的想法从没实施过并获得成功，是存在各种潜在风险的，不是吗？

丹妮尔的故事：眼睁睁地看着一个新想法失败

今年 40 岁的丹妮尔在一家大型咨询公司工作了 11 年，下面是她的自述：

我们的主要业务是向客户提供用于人事培训和战略会议的咨询服务。对于我们的客户来说，这是一项不菲的花费，所以尽管事实上我们对客户帮助很大，但我们在周转资金方面仍有压力，原因在于咨询周期较长，花费也很大。为此，我写了一个报告，建议将我们的一些咨询产品放到在线培训平台上，以供客户选用。我认为这个主意棒极了，通过向客户开通廉价的在线平台，可以降低我们服务的门槛，然后经过一段时间的运营，可以将业务扩大到我们最基本的服务，这样可以缩短资金周转周期，也能降低我们的运营成本。

当我们向老板提出这个想法时，他回答得非常简单："这行不通。"接下来的两周，我反复向老板坚持我的想法，最后他终于让步了，让我们制订演示计划，并收集客户的反应，如果我们得到的反馈是积极的，公司将更进一步探讨全面实施的可能性。

这个过程中间还发生了很多细节问题，就不再一一赘述了。我花了3个月的时间来准备演示计划。由于我愈发确信这件事情一旦做成，将极大地推动我们的事业获得巨大成功，我感到十分振奋。

当看到客户对我们的计划毫无兴趣时，你能想象我的失望。他们认为我们的在线培训过于一般化，不能满足他们的需求。事后分析，我们发现原因在于我们试图用一个服务流程去满足所有行业的需要。事实证明客户更喜欢面对面的咨询，他们认为自己支付的金钱与回报应该是一致的。我最后不得不向老板报告，这个实验是完全失败的。

幸运的是，我的老板并不这样看。他告诉我说，我们公司在20世纪90年代曾经尝试过类似的东西，只是当初因为投入太高，最终失败了。他告诉我说："必须要清楚一点，我们的核心业务是能够和我们的客户产生共鸣。你的出发点是为公司着想，目的是节约时间和金钱，我认为这是值得肯定的。"老板的态度让我很感动，他把这场尴尬的实验变成了让我进行一次积极学习的机会。

换个角度看问题

理想很丰满，现实很骨感。这句话其实在暗示：很多新想法其实并没有用。这也解释了人们通常抗拒改变，不愿意去尝试新生事物的原因。

这种对待变化的做法会产生两个后果。第一，这个想法完全没用；第二，某些新想法会有好的结果。一些案例表明，对于接纳新想法的人来说，只是当新想法没有实现预期收益时才会失望。也有一些案例表明，对于抗拒新想法的人来说，当新想法被证明产生了颠覆性的效果时，人们会感到震惊和疑惑。

但还是先别急于相信我的话，请看以下案例：

- 在20世纪90年代末，一位名叫托尼·法德尔（Tony Fadell）的电子工程师产生了一个新的想法。从1995年开始，他就在飞利浦（Philips）公司从事手持设备研发，他认为人们会喜欢一款适合手持的数字音乐播放器。他向飞利浦公司高管提出了这个想法，但高管对其毫无兴趣。因此在1999年6月，他成立了自己的公司来研发这种产品，即引信公司（Fuse）。由于没有获得足够的资金，引信公司后来倒闭了，法德尔决定尝试和另外一家公司合作来生产自己的产品。2000年，他开始与真实网络公司（Real Networks）洽谈合作生产手持数字音乐播放器，但该公司的高管对此也毫无兴趣。到2001年，法德尔在与斯蒂夫·乔布斯（Steve Jobs）的一次交谈中，了解到苹果公司有一个产品正处于研发的初始阶段，且与自己的想法极其相似。于是，他加入了苹果公司，并最终带领团队研发出了第一代iPod。飞利浦和真实网络公司的高管们错过了一个新想法，也错过了赚取数十亿美元的机会。

- 2000年的美国橄榄球职业联盟选秀中，汤姆·布兰迪（Tom Brady）在第7轮被选中。委婉的说法是，在新英格兰爱国者队（New England Patriots）认为他要比剩下的人更优秀一些，进而把他选中之前，美国橄榄球职业联盟的其他球队拒绝了他6次。此后的14年里，他带领爱国者队6次杀进超级碗（Super Bowls）比赛，赢得了4次总冠军。相比之下，在2000年的选秀中，在汤姆·布兰迪之前被选中的6个四分卫：查德·彭宁顿（Chad Pennington）、乔瓦尼·卡梅兹（Giovanni Carmazzi）、克里斯·雷德曼（Chris Redman）、提·马丁（Tee Martin）、马克·巴尔杰（Marc Bulger）、斯珀吉翁·温（Spurgeon Wynn），只有克里斯·雷德曼获得过超级碗冠军戒指，并且这还是他在新秀赛季作为替补队员获得的。

- 1918年，法国将军费迪南·福煦（Ferdinand Foch）被任命为盟军总司令，他有着无可挑剔的军事资历，许多历史学家相信正是凭借其有效的战略，盟军才得以赢得对德国的战争。然而，在

1904 年，当有关飞机战争价值的报告提交到他面前时，他明确表示："飞机只是有趣的玩具，没有军事价值。"如果没有飞机的空中支援，福煦在 1918 年 9 月 26 日的进攻就不会取得如此辉煌的成功。

- 1880 年，史蒂文斯理工学院（Stevens Institute of Technology）的校长亨利·莫顿（Henry Morton）在听说托马斯·爱迪生（Thomas Edison）发明了电灯泡时，提出了自己的预测："熟悉这一发明的人都认为这是一个显而易见的失败。"

- 开尔文勋爵（Lord Kelvin）作为他所在时代最德高望重的科学家之一，在 1897 年宣称："无线电没有未来。"

- 2005 年 2 月，由于社交媒体平台人气暴涨，My Space 创始人兼总裁克里斯·德沃尔夫（Chris DeWolfe）与马克·扎克伯格（Mark Zuckerberg）商讨收购脸谱网的问题。那时脸谱网的使用者主要是大学生，规模明显小很多。扎克伯格的要价是 7500 万美元，遭到了德沃尔夫的拒绝。德沃尔夫认为没有必要为一个社交媒体平台花费这么大一笔钱，况且只有大学生才使用这个平台。此外，他只是将脸谱网视为一个新鲜玩意而不是现实威胁。

- 在 1970 年，伯纳德·沙度（Bernard Sadow）是一家箱包公司的副总裁，有一次他度假返回时，为自己笨重的行李而苦恼。通过观察机场工人的轮式滑道，他突然有了一个新想法，即在行李箱上装轮子。起初他把衣柜上的脚轮拆下，并用绳子将其固定在手提箱上。① 其实在他之前，至少有两次类似的尝试了，带轮子的大衣箱在 1887 年获得过专利，带轮子的手提箱在 1945 年获得专利，但是它们都没有获得商业上的成功。沙度再次遭遇了同样的

---

① 在此之前，20 世纪 60 年代一个普遍的做法是购买带轮子的折叠四轮车。旅客可以打开折叠车，把行李放到上面，拉到他们想去的地方，一旦到达目的地，他们再把车折叠，捆到行李上。折叠车上已经有轮子了，没有人想既带折叠车，也带有轮子的行李箱。

命运，一个又一个零售商拒绝销售这种新手提箱，主要争论在于一个成熟的男性会不会使用带轮子的行李箱。"人们不愿意接受改变"，沙度这样评价自己的经历。差不多花了2年的时间，沙度的轮式行李箱才找到了第一个支持者——梅西百货（Macy's）。然而，沙度的发明并没有彻底改变箱包行业。1972年，梅西百货公司对其进行改良，使其变得更加方便，人们才开始购买轮式行李箱，但是它并没有在世界各地的机场中风靡。这种情况一直持续到1987年，当飞行员罗伯特·普拉斯（Robert Plath）在车库里发明了拉杆箱——一种带伸缩手柄拉杆的轮式行李箱后，这种产品才开始在机场流行。起初，普拉斯只是把他的发明卖给其他飞行员和航空公司工作人员，但当游客开始询问在哪里可以买到同样的行李箱时，普拉斯辞职创立了自己的箱包品牌——铁塔（Travelpro）。当拉杆箱已经非常流行的时候，其他箱包公司才开始予以关注，并且设计生产属于自身样式的拉杆箱。

类似的例子不胜枚举。[1]实际上，每种行业，甚至每个公司都有过这样的教训：当一种新的创意刚出现时，由于满足于当下已经取得的成功，从而看不到其未来潜在的创新价值，往往选择对其说"不"。每一次科技进步出现时，人们的态度普遍如此。正如我曾经谈到过的某些人，他们发誓宁可辞掉工作，也不学习使用计算机、不放弃使用磁盘操作系统、不带笔记本电脑回家工作、不用手机发送邮件，或不使用任何一种新兴的社交媒体等——现在看来是多么可笑！话说回来，我们不也曾经是这种人吗？当一种变革来临的时候，对现在的我们来说，仍旧幻想沿用落后的工作和生活方式简直是不可想象的。

---

[1] 我敢肯定，在很久以前，当第一个人穿上衣服时，其他裸体的人坐在他周围说："这行不通，他看起来真可笑。"（指着裸体）严肃地说："谁想把这一切都掩盖起来呢？"

所以，如果有一位同事极力向你证明他或她的新想法是多么精彩时，你应该假定对方知道你曾经做过哪些失败的事。然而更可能的是，他仅仅是为得到一个可能的机会而高兴，他可能一直在研究你没有注意到的领域。因为你已取得的成功会让你认为探索新领域不那么重要，如果这时有新同事向你提出了新建议，那可能是他看到了你忽略的东西。不管他热衷于改变的动机是什么，其最终目的是帮助公司更加成功。因此，鼓励这些人主动创新并积极分享新想法非常重要，因为这会给你提供思考公司发展的新角度。

德斯蒙德的故事：被迫改变

德斯蒙德今年 59 岁，他的整个职业生涯都是在《财富》1000 强公司度过的，以下是他的自述：

当我被雇用的时候，我们公司正在向磁盘操作系统转变，大多数老板都习惯了打孔卡，他们对这种调整非常不满。我在大学里学过磁盘操作系统，因此，对能为发展迅速的公司工作充满期待，我认为我的老板是固执和懒惰的。

36 年后，公司宣布将推行新的企业资源计划系统（ERP）。我认为这是荒谬的和不必要的。我和我的同事谈了很多，希望他能同意我的观点。然而，他说："嗯，它打败了打孔卡。"他的评论没有其他意思，但让我意识到我正在做 36 年前我的老板做的事情，当时我们在推广使用磁盘操作系统。我立刻停止了抱怨，并且积极拥抱改变，即便这可能会杀了我。

大约花了 5 个月的时间，我才学会了我需要的一切，这个过程并不愉快。但说句实话，新系统比我们曾经习惯使用的旧系统好多了。我希望我能向以前的老板道歉，为的是我以前对他们的不公正评价。

所有的企业每时每刻都在进行斗争，斗争围绕着是坚持现存做法，还是试图预测未知的市场需求而展开。一些新看法是可怕的，而另一些则是颠覆性的。一些新举措会失败，而另一些会变成行业标准。不幸的是，对哪些改变会成功、哪些改变会失败进行精确的预测是不可能的。正是由于这个原因，采用新的、未经检验的想法不可能获得100%的支持。一些人更关注新想法的潜在风险，而另一些人则更关注新想法的潜在回报，想做到十全十美是不太可能的。

怎么办？

上一节的结论是不是让你不高兴了？本书在前面告诉你解决代际问题的方法，而现在又告诉你永远不会有100%正确的建议，即到底是遵循现有经验，还是追求使用创新做法，是不能一概而论的。那么，是我在骗你吗？

当然不是，这根本不是代际问题。其中与代际问题有关的唯一一个因素，是当谈及一个特定的新想法、新产品或新程序的潜在收益和不足时，随着年龄的增长，人们对新的想法变得越来越谨慎，对遵循已有经验的做法越来越适应。是选择前者还是选择后者，取决于以下两个方面：

- 有些人关注采用新想法所产生的潜在的积极后果，而有些人则关注潜在的消极后果。
- 有些人关注维持现有体系的积极后果，而有些人则关注其消极后果。

由此引发的紧张与代际特征无关，与人们的个性差异有关。任何年龄段都有冒险和保守的人，你会发现一些"年轻人"和"老家伙"都会相信一个新想法将是美好的；同样，你也会发现，有的"年轻人"和"老家伙"尽管乐于接受新想法，但仍旧坚持现有的基于经验的做事方法。

还记得本书第一章中马修的故事中所提到的着装问题吗？如果你有类似经历，你就能知道，如果年轻人选择的穿衣方式不能被老年人接受的话，出现这种结果几乎是注定的。我已经做过数百次主题演讲，听众几乎涵盖所有类型的公司和企业，我发现，当涉及代际的紧张关系时，着装问题似乎比其他更能给管理者带来挫折感。

关于这种情形似乎总是充满争议：年轻人通常希望穿着随意，而"老家伙"则通常希望每个人都穿着正式。在这种情况下，任何一方似乎都会这样认为：所有人都应该以我说的方式去做。这种方法可不能保证解决所有的问题。

至此，我们讨论了代际管理问题，至少从第二次世界大战开始一直到现在这一问题都在延续和发展。当今天的"婴儿潮"世代还是年轻人时，当时的"老家伙"认为他们的着装方式非常不职业化（"你不穿着西装去上班吗？你不打领带吗？怎么会有人把你当回事呢？"）；当 X 世代是年轻人时，"婴儿潮"世代发现他们的着装方式非常荒唐可笑（"你想运动鞋配西裤吗？你认为能给别人留下好印象吗？"）；"千禧"世代的着装表现和其他世代的年轻人没有什么两样。不同群体对着装审美有不同认识，但是了解以上这些对解决他们的分歧能起作用吗？绝对不能！

相反，要想通过沟通实现一致，就需要各方都能够完全说出他们的想法及其利弊。有证据表明职业装能带来更高的生产力或更强大的企业文化吗？有证据表明休闲装能提升职业道德吗？是否仅仅因为你与客户直接接触，就有理由相信外在形象是你成功开展业务的重要因素？如果你不能对自己的行为方式做出合理的解释，那么，要么出于习惯选择遵循经验坚持原有做法，要么出于新奇推动创新的方法，这两种情形都不能让人确信是一个好的决策。

期待你周围的人积极支持每一个新生事物，这既不可能，也不合理，再多的沟通也改变不了这个事实。对于是采用新方法还是保持原有做法，每个人都有自己的理解，都愿意坚持自己的想法。但如果有机会阐述自己的想法，就会出现两种情况：第一，你（或者其他人）将会了解某些人为什么并不赞同你，这会使分歧变得更加温和且文明；第二，每个人都会了解实施或不实施变革的目的所在。如果变化一旦发生，人们开始看到支持者们所预测的收益，那么反对者们慢慢地也会开始承认变革的价值；如果你继续坚持"照常办事"，并不断实现所许诺的成功，那么，那些寻求改变的人也会慢慢认可现有做法的价值。无论哪种方式，你都需要让所有人都参与进来，没有比让人们意识到他们能够有所贡献的方式，更能让大家团结在一起合作共事了。

采纳（或拒绝）新想法的策略

- **详细解释你是如何确信新举措能够提高业务水平的。** "它是更好的！"不是一个好的理由，这并不能很好地说服批评者，新想法需要具体的论据来支持它的效用。例如：

  "如果能按照呼叫中心的方式实施改革，那么我们可以平均减少通话时间43秒——这43秒还能增加客户的满意度呢，我们能够节约运营成本8.5万美元。"

  "我们酒店75%的收入都来自于周四到周六晚上，但55%的客户从周日到周四也来这里。如果我们在这四天里也采取一些新措施，那么我们将会获得一个巨大的市场成功，并且我们还不必做广告，因为这些人已经是我们的客户了。"

  "我已经和这层楼里的好几个人进行过非正式沟通了，许多人认为如果他们有两个电脑显示器，工作就会更有效率。我知道这需要一笔额外费用，但为了更高的生产率，这值得投入。"

  正如你所看到的，这往往意味着你已经对新想法的实用性做了一些研究——这是必须要做的。你前期的研究越充分，就会越有信心做出正确的决定。如果最初的热情被放在一个错误的方案中，那么研究越深入，新想法的价值就消失得越快——当然这也不是一个坏事，毕竟早发现新想法根本行不通总比实施了6个月后再发现要好。

- **详细解释你是如何确信坚持现有的工作方法是最好的。** 一些例子还是有用的：

  "我意识到我们不能活得太舒适，我们83%的业务来自于别人的推荐。我认为，我们应该把更多的资源投入到如何满足现有83%的客户需求上面，而不是把钱花在整个市场所有的客户上面。"

"这个项目还要再用3年的时间才有回报，我们的竞争对手已经申请类似的专利了，我认为我们可能已经远远落后，很难再赶上别人。我们可以专注于现有的产品，并且努力增加市场份额。"

"我们确信传输机还能再用9个月，我知道我们需要对其进行升级，但现在我认为我们应该节约用钱，并把钱花在更紧迫的事情上。"

- **鼓励不喜欢新想法的人去对比过去和当下的工作实践的异同，以思考和比较有无变化。** 再说一次，遵循过往经验是人类最有价值的财富之一。因此，邀请年长或更有经验的同事去回想过去的经历，这会让他们思考现有的问题，这对那些年长者尤为重要，他们已经开始准备从工作中抽身了，这样做可以使他们感受到自身的价值，并参与到讨论中来。如果他们能从以往的经验中找到与现实的不同点，那么，对未来到底何去何从，他们将会得到有价值的见解。如果找不到，那么也能说服别人相信你面临一个相对独特的问题，需要每个人付出努力以做出最佳决策。

- **彼此接受妥协。** 你肯定会从以上所说的双方讨论中听到有用的观点，并将其吸收融入到最终的方案中去。然而，没有任何对话能让其他所有人相信正确答案只有一个……

- **记住，很少会有100%的人拥护和支持你的决定的情况。** 不管你的新想法有多好，具体实施时总会涉及一些风险，很有可能有些人仍旧认为风险大于收益。如果你等待100%的人都同意你的想法，你将只能永远等待下去。有时候最好的做事方式就是边做边看，毕竟，真正的领导者应该有具体实施的愿景，能把不同意见纳入其中，并且还拥有能力去实施愿景，而不必明确地知道他或她的决定是否正确。当向前推进时，会有很多机会去思考和修正。也许你会改变方向，但当时机来临的时候，你不能让别人的恐惧和分歧阻止你的行动。

● **要勇于承担责任。**金无足赤，人无完人，当然也包括我自己。这意味着有时候你所支持的新想法会失败。如果你坚持待在一个"成熟"的体系中，就会变得平庸和才思枯竭。当这一切发生的时候，在第一时间向不同意你决定的人勇于承认错误。如果你做得正确，这些人不但会感激你在执行之前聆听了他们的反对意见，而且会对你勇于承认错误充满敬意。

记住，人们对碰到的每一次变革的态度不同，这与我们属于哪个世代无关，明白这一点将有助于我们理解不同阵营的同事。他们并不是冥顽不化，不能接受新生事物。他们只是对事物选择的关注点与你不同，只要你有足够的耐心，愿意沟通，终有一天他们也会接受彼此看问题的角度。

从根本上说，所有人都认为自己的做事方式是对的。我们通常认为，那些与我们行事不同的人至少是被误导了，我们担心在最坏的情况下他们甚至会犯致命性的错误。这种心态不仅存在于对代际群体的理解，而且对宗教、政府体制、婚礼仪式等方面以及社会生活的几乎所有一切领域都是如此。我们通常对同龄人更加认同，我们倾向于相信"年轻人"用一种方式思考问题，而"老家伙"则用另外一种方式。由于"老家伙"比"年轻人"有更多的理由骄傲自大，并且假定今天的"年轻人"生活在一个迅速变化的世界，所以，我们通常认为"年轻人"普遍热衷改变，而"老家伙"恰好相反。以上这些观点如此流行，以至于大多数有关代际管理的书籍将其视为真理。

正如我们刚刚指出的，这种观点并不正确。当在职场中具体到某一特定的改变时，你会发现所有世代的群体都是亢奋和积极投入的。不管是支持还是反对某一创新解决方案，最终会有人被证明是正确的，而有人是错误的。虽然大家都明白这些道理，但每个人都仍认为自己的做事方式是正确的。

在管理实践中，真正能理解这一点太重要了。我们在下一章将重点讨论这个方面的内容。

与职场"年轻人"共事的策略
（第 1—21 条重温第 4—6 章内容，其余重温本章内容）

1. 在新员工报到第一天就帮他们印好工作名片。

2. 给新人一个在所在部门或团队成员面前报告其所擅长工作的正式机会。

3. 要以最短时间记住新同事的名字，记得打招呼时叫出对方的名字，并尽可能多地给予鼓励和支持。

4. 如果你是一名管理者，记得告诉所有下属，只要他们需要你就会挺身而出并仗义相助。

5. 定期向下属征求对工作的意见和建议。

6. 记得每周或每个月定期邀请同级和下级一块吃顿饭。

7. 如果你是主管或经理，记得主动询问员工除了公司提供的工资和福利外，还需要什么支持。

8. 作为导师，向你的下属提供服务，或者制订指导计划。

9. 用制度保证给年轻人提供施展技能和本领的机会。

10. 如果你周围有对工作态度不成熟的职场"新生代"，这时候，你只须把他们跟其他员工的一般工作水平作比较，就能理解和接受他们当下的状态了。

11. 把你自己的职业生涯成长之路与职场后辈们分享，以引导和激励他们。

12. 为即将退休的老同事举行欢送会，以此为机会向年轻同事灌输感恩之心。

13. 定期重点表扬那些经历过多次失败和其他挫折后成功的人。

14. 强调职业成功与个人成功的高度相似性。

15. 寻找合适的机会告诉他们，年龄和经验并不存在必然联系。

16. 如有必要，要果断解雇不胜任工作的"年轻人"。

17. 向年轻人解释你为何如此行事。

18. 寻找案例来说明，在有些时候，我们是如何从一贯的行为方式中受益的。

19. 用先前的失败案例来说明"一切照旧"在特定时候的价值。

20. 让每个人都牢记一个事实，即当今变化的发生比以前更快。

21. 努力构建积极反对骄傲自满的组织文化。

22. 详细解释你是如何确信新举措能够改善业务的。

23. 详细解释你是如何确信坚持现有的工作方法是最好的。

24. 鼓励不喜欢新想法的人去比较你正在思考的变化与过去类似变化的异同。

25. 彼此接受妥协。

26. 认识到你的任何决定都不可能得到所有人的积极支持。

27. 犯错误时要勇于担当。

与职场"老家伙"共事的策略
（第 1—16 条重温第 4—6 章内容，其余重温本章内容）

1. 如果你是一名管理者，记得告诉所有下属，在必要的时候你一定会为他们出头。

2. 定期向下属征求其对工作的意见和建议。

3. 邀请你的同事和员工每周或每月定期共进午餐。

4. 询问你的同事和员工他们与公司长期同舟共济的原因。

5. 如果你是主管或经理，主动询问员工除了公司提供的工资和福利外，他们还需要什么支持。

6. 用制度保证给你的员工发挥技能和才华的机会。

7. 告诉你的经理或其他高层领导，你打算和这家公司共同奋斗到底！

8. 找一个年长者或经验更多的人，并要求他或她做你的导师。

9. 如果你比你的多数同事都年轻或缺少经验，你就要努力工作。

10. 定期重点表扬那些经历过多次失败和其他挫折后成功的人。

11. 强调职业成功与个人成功的高度相似性。

12. 寻找合适的机会告诉他们，年龄和经验并不存在必然联系。

13. 如果必要的话，鼓励不胜任工作的"老家伙"提前退休。

14. 提醒那些抗拒改变的人，其实变化一直贯穿于他们个人和职业生涯中。

15. 让每个人都牢记一个事实：当今变化的发生比以前更快。

16. 努力构建积极反对骄傲自满的组织文化。

17. 详细解释你是如何确信新举措能够提高业务水平的。

18. 详细解释你是如何确信坚持现有的工作方法是最好的。

19. 鼓励不喜欢新想法的人去对比过去和当下的工作实践的异同，以思考和比较有无变化。

20. 彼此接受妥协。

21. 认识到你的任何决定都不会得到所有人的积极支持。

22. 犯错误时要勇于担当。

第八章　携手并肩奔向明天

2013 年年底，《华尔街日报》（*Wall Street Journal*）发表了一篇文章，题目为"最慢的一代"（*The Slowest Generation*）。50 多岁的作者痛斥年轻人不把比赛当回事，说 1980—2011 年中，跑一次马拉松的平均时间已经增加了 44 分钟！作者以此类事实指责年轻人变得越来越懒散。

这篇文章让我非常生气，我写了一篇文章进行回击，下面是文章压缩后的版本。

难以取悦的一代："老家伙"抱怨"年轻人"追求娱乐至上

在多数谈及职场的代际问题时，我没有明显的偏向性。我今年 35 岁，处于"婴儿潮"世代与"千禧"世代之间，生活安逸舒适，我很难确定自己属于"年轻人"还是"老家伙"。我喜欢现代音乐，但喜欢规规矩矩写文章。我目前住在市中心一栋漂亮的公寓中，这所公寓的业主养的狗比孩子还多。由于我还没抽出时间将账单设置为自动支付，因此我偶尔也会签发支票付账。我手机上装了一个电子支付的应用软件，几乎可以搞定一切支出，但我仍会提前打印机票，因为我担心登机时手机会死机。对于"年轻人"是否比"老家伙"更好的争论，我倾向于采取"两者各有千秋"的中立态度。

不过，还真要感谢这篇文章，它让我知道我也属于此类人，至少在跑步变慢这一标准上是符合的。那篇文章的作者海利客先生（Mr. Helliker）认为，在美国各地举行的马拉松和铁人三项比赛中，选手们整体成绩的下降令人羞愧。为了证明他的观点，他引用了托尼·雷维斯（Toni Reavis）的话，"这象征着美国竞争力下降的现状，值得我们每一个人关注"。根据海利客先生的观点，年轻人跑得慢的事实，反映了这一代人整体表现冷漠和对一切无所谓的现状。

我也读过一些有关代际差异的资料，我同意他们对"千禧"世代的很多看法，这个群体由"婴儿潮"世代所抚养和教育长大（顺便说一句，大多数抱怨者都有意选择回避了这个事实），父辈们认为"千禧"世代倾向于好吃懒做、头脑简单和逃避责任。但是，海利客先生的文章则是如此褊狭，我今天必须要捍卫我们社会中最年轻的这个群体的权利，反对像海利客一样的正在逐渐变老的那一群人。不管他们的孩子和孙子怎么做，他们都不会对其做法感到满意。

海利客先生抱怨的根据是，他的马拉松成绩在自己年龄组（50—54岁）排名在前15%，总体排名前11%，用他自己的话说："老年人团队完胜。"毫无疑问，这个数据没问题。

然而，他的结论和事实却是毫不相干的。2010年大约有10000名选手参加了芝加哥铁人三项比赛；而1994年只有3900名参赛选手。过去20年里，成千上万人决定参赛，他们中的许多人无论如何都不会成为职业选手。有些人参赛要么只是为了和朋友一起跑步，要么是为慈善事业募集资金，或者仅仅是第一次"参与此类活动"。除了完成比赛，他们并没有更进一步的目标，尽管许多人认为比赛难度太大，甚至连尝试都不敢。所以，这就是这些人的马拉松成绩越来越差的实际原因。"老家伙"通常认为"年轻人"除了看网站提供的视频外，很难专注做好某件事情。你可能会认为，他们以最好的成绩完成铁人三项或马拉松比赛就是成功。恰恰相反，与参赛人数日益壮大的事实相比，海利客先生更加关注的是他们完成比赛的速度。

海利客先生还抱怨：彩色跑（Color Runs）、泥巴跑（Tough Mudders）等其他"恐怖"的比赛日益增多，并且它们都不计时。有些人参加比赛并没有崇高的目的，仅仅是享受生活，海利客先生认为这简直就是犯罪。海利客先生以此把年轻一代与玩世不恭者相提并论，曾经"人人都想得奖的心态"在学校是怎样形成的？斯巴达比赛（Spartan Race）的创立者、纪录保持者乔·德塞纳（Joe Desena）反问道。

这正是我写这篇文章的原因。也许是海利客先生被这些我行我素的年轻一代惊到了。然而我对现在的年轻人做过专门观察和研究，事实证明，并不是所有人都基于同样的原因和动机去做同一件事情。我曾经是一名高中老师，面对数量众多的学生的道德底线之低，简直令人惊掉下巴。然而，与对马拉松的重在参与相比，抨击他们没有尽全力完成比赛是无知的！这一代人被批评为不知道怎样建立现实人际关系的一代，是不参加实际约会而只喜欢在线聊天的一代。与此完全相反，那么多年轻人与他们的朋友共同参与一个需要数小时才能完成的运动赛事，其中甚至有年轻的妈妈和爸爸们推着婴儿车来参与。难道他们不知道推着婴儿车会减慢他们的速度？

在60岁生日前的3个月，我的父亲第一次参加了马拉松比赛。他这样做苦乐参半，部分原因是向他过世的父亲致敬——祖父是在60岁生日前因心脏病突发去世的。父亲和我最小的弟弟一起参加了比赛，他们差不多用了6个小时——其实和散步差不多——所用时间之长令人尴尬，估计海利客先生和他的朋友们会不屑一顾。弟弟牺牲了自己的名誉和荣耀，放弃了在自己年龄组排名前10%的机会，一直陪在父亲身边跑了26.2英里，期间不断鼓励父亲坚持下去，尤其是当父亲打退堂鼓的时候。一直到2年后，跑马拉松的这一天仍然是父亲最美好的回忆。

这并不难理解：人们做一件事情的理由千差万别，每个人的理由并不一样，你也没有必要喜欢别人做事的理由，当然你可以尝试鼓励别人去理解你做某件事情的价值。然而你抱怨越多，别人就越对你的做事方法没有兴趣。有时候，当无论怎么做都不能取悦别人时，你就会失掉兴趣放手不干了，这简直是一定会发生的。

有时候，生活就像正在开车旅行，这时候前面遇到了一大队"老家伙"在路上慢慢悠悠地开车堵住了道路，他们的时速是低于速度限制的10英里每小时，并且还自鸣得意："为什么要那么急呢，多美好的一天啊，能看到树叶正在变绿，小草在发芽。"这时候你怎么想？其实有时候他们做得没错。有时候放慢脚步会令我们都因此而受益。

在网上发一个攻击性的帖子前不妨让自己三思而后行，这样可以避免被网络毁了我们的生活。以上这些就是现在的"年轻人"不断被告知需要学习的东西。

很显然，以上这些道理也适用于现在的"老家伙"们。

在 2014 年本书尚处于构思阶段的时候，我在领英网（LinkedIn）发表了一篇文章，后来在网上被大量转载，关注度极高。在最初的 48 小时内，就有超过 70000 人阅读了这篇文章。事实上，这也是这本书得以问世的原因之一。下面是文章的缩略版：

你需要向"老家伙"学习的七件事

"婴儿潮"世代：你们已经不再是婴儿了，你们已经 50 岁了，别再自欺欺人了，如果你不认同这些，说明父母帮你包办了这一切。因此，更不要再躺在他们的功劳簿上沾沾自喜了。

你们并不是"年轻人"口中的那些跟不上时代的"恐龙"。尽管你们有时候不知道如何对付现在复杂的电视频道，但是，人类最伟大的发明之——迪斯科也是你们这一代人的贡献啊。

你们对待生活和工作的方式是正确的，这些方法使你们受益良多，主要有以下七个方面：

- **偶尔给朋友打打电话**。年轻人，我敢保证，电话另一端的人不会通过电话吃了你。我知道采取一对一的方式同一个人讲话怪怪的，但你会发现偶尔做一次也挺好的，起码要比你们之间来回发送 45 条短信要好得多。谁知道呢？你可能会因一次真正的谈话带来的改变而高兴。

- **关注一件事情要至少超过 5 分钟**。我知道，每个人都会认为自己是可以同时处理多项工作的大师。错！同时做 4 件事情是不可能的，一次把一件事情做好就已经很不错了。此外，集中精力专注做好一件事情，要比同时做 16 件事情更轻松。比如"老家伙"虽不擅长发短信和开车，但是他们会想方设法搞清楚状况；我敢肯定一点，他们从来不会轻易丢掉任何一笔生意，因为他们会有足够的耐心去对待每一个客户。

- **回复他人时要超过 4 句话。** 我十分喜欢推特（Twitter），但是它并不适合写东西，特别是不适合写长一点的话。我们发送短信也是如此，也不适合做特别深入的谈话（有人因为使用推特忘记发送笑脸，或者因为自动回复设置导致双方产生了误会）。"老家伙"了解这一点，他们仍旧通过发邮件和打电话的方式与朋友进行沟通。

- **选择一两个爱好并长期坚持。** 我爷爷喜欢打高尔夫和集邮，他也喜欢喝威士忌，虽然他在打高尔夫和集邮的同时也可以喝酒，但我不认为喝威士忌算一个爱好。我们的祖父母可能只有一两个真正喜欢做的事情，此外没有更多的爱好，这是因为他们清楚如果不在上面花费大量时间，你就不会把事情做好。同样，如果你加入了 43 个足球联赛、夜场聚会和网络小组，甚至你试图管理 14 个社交网络账户，那么，你肯定任何一件事情都做不好。如果稍微留意，你就会发现大多数亿万富翁都只聚焦在某个特定的领域，比如资本运作、商业地产等。有时候，少就是多，越是专心聚焦在某个领域就越容易取得成功。

- **胡子刮得勤快一点。** 不可否认，这个世界上仍存在少数"嬉皮士"，但多数"老家伙"对年轻人留的个性十足的胡子看不惯，因为这很容易让人联想起玩世不恭的人。所以，年轻人，不要给别人造成误解的机会。我知道我应该对此包容、豁达一点，我也知道这是轮到你们来引领新时尚了，就像你们的父母在 20 世纪 60 年代曾经做过的一样，但是……这种行为在职场真的不合适！

- **写感谢信。** 我的妻子参加完第一次面试后，写了 26 封感谢信感谢每一位面试过她的人（尽管面试过程冗长而又让人受不了）。她之所以这么做，是因为有职场前辈的告诫。最后，谁做得最好，谁就能胜出。你知道吗？最后是她得到了这份工作！当然，写信并不是她成功得到工作的唯一因素，但她的这种优秀的特质打动了评委，毕竟礼多人不怪。

- **配合他人的节奏。** 在一个自由至上的国度，我知道要求你这样做可能是一种冒犯。可是，你知道吗？自由是战士们的鲜血换来的。他们当时要绝对服从别人的命令，我的意思是在战斗时，战士们要跟随指挥官的节奏，接受旗手的指挥。有时候，融入团队并不意味着牺牲，而是最终会帮你实现你既定的目标。

根据上述建议，我希望能改变一些你对职场前辈的看法。他们的想法可能不都是最好的，但在某些方面还是挺不错的。如果你能投之以木桃，他们肯定会报之以琼瑶。相信我，绝对没错的！

如何玩转职场的代际管理？我们从问题的起点开始梳理，包括共同探讨了职场"年轻人"和"老家伙"共享的八个核心概念，解释了"年轻人"和"老家伙"各自的思维和行为表现及其原因，提出了几十种与职场前辈合作共事的策略，以及与职场"年轻人"共事的应对之策。为了方便读者学习和记忆，我将对这些内容在第十二章和第十三章进行汇总和详细解释。

这样做是不是有点小题大做了？毕竟本书中的一个理念是化繁为简。我想提醒读者朋友，你不必遵循以上的每一个策略，它们只是给你增加了参考的选项而已。如果你感觉太多太复杂的话，可以只关注几个关键概念，只要理解了它们，你就会自然而然地找到正确的对策。

我尝试把以上策略做进一步简化（"简化"这件事推特网站做得很好，正因如此才赚得盆满钵盈）。所以，我把它们提炼得更简练：

- **职场忠诚是相互的而不是单方面要求的。** 不管是个人关系还是工作关系，在任何一种人际关系中，这话都是正确的。如果管理者不努力创造一种忠诚的环境，你就不会拥有忠诚的员工。如果你不想成为忠诚的团队成员，你将不会获得忠诚所带来的收益。

- **职场进步是一个永无止境的努力过程，而不是必然发生的。** 今天，任何你所擅长的事情，包括你的天赋，都是实践、奉献和坚持不懈的结果。请记住，不要期望不劳而获，或者少量付出就能得到完美的结果。

- **职场现有的工作实践都有其合理性。** 当然，这并不是说它们不能被改造或优化。第一，它们曾经是公司找到的最好创意；第二，除非遭遇重大危机非变不可，否则任何改革都要从现实出发。未来以历史为基础——这个道理过去是对的，现在是，将来也是。

- **工作中会出现新的问题与新的想法，这不是对现有体系和管理者的否定。** 肯定会有一些现有做法不再适用，而需要一些改进的情况。这并不是谁做错了什么导致的，更不能被理解为是某个人的原因，这只能说：时移世易，变法宜矣。

- **凡是创新的观念必然伴随着风险，无法准确预测哪些会成功，哪些会失败。** 有些新观念最终会成为令人尴尬的错误，而有些会带来巨大的成功。在做出明智的选择前，对所有新观念进行充分地探讨，可以最大程度地减少前者的危害和扩大后者的益处。

- **某些事物的变化速度会超出我们的预料。** 这并不是我个人的观点，从哲学上讲，万事万物都是如此。如职业发展相对缓慢，而技术进步则相对较快。如果某些事物的发展超出了你的预期，那么可以安慰自己：对其他人也是如此呀。毕竟大家都坐在同一条船上。

再次提醒大家，以上我并没有用职场代际差异的角度分析，这是因为问题的核心与代际特性无关，而是与我们的观察视角有关。职场代际问题的关键是，"年轻人"由于年龄小、阅历短，无法做到像"老家伙"那样观察和分析这个世界。同样，作为"过来人"的"老家伙"也常常忘记了该怎么以"年轻人"的视角去观察世界和思考问题。

有一点非常重要：我们职场中的同事们其实与我们并没有根本不同，他们和我们都在同一个环境中工作和生活，只是工作和生活的阶段可能不同而已。如果他们更年长或经验更丰富一点，迟早有一天会变得和你们一样，导师们现在做的事情他们以后也会做。如果他们比你年轻或经验少一点，那么他们现在做的事情，正是你在他们那个年龄时也曾经经历的事情。年轻人总是在观察着这个不断发展的世界，盘算着如何才能做得更好一点和更好地实现既定的目标。今天的各种条件与50年前已经大不相同，科技水平也肯定比30年前大有进步，但是，与从人类文明产生以来相比，现在职场的人们并没有发生根本的变化，共性远大于差异和变化。如果你能越多地以平常心看待周围的同事，你就越能与同事换位思考，越能想象如何像他们那样行事，你的事业发展就会越顺利。

前面说过，我曾尝试把这些看法发布到推特上，很明显我失败了，如果做成视频上传到YouTube，估计也没人看。因此，我在这里再次重申我的观点："年轻人"，你不能站在"老家伙"或更有经验的同事角度去思考，是因为你的经历与他们不同。"老家伙"，大多数时候你不能站在"年轻人"或经验较少的同事的角度去思考，是因为岁月的变迁，已经让你们忘记5年、10年、20年、50年前的感受。

接下来，我将以上看法概括成一句话，完全符合在推特上发表和传播的形式，这句话是对古往今来职场代际差异的高度总结：**无论你属于哪一个世代，任何人都不可能无所不知。**

对！你不可能无所不知。这就是我们现在工作和生活中需要聘请顾问、婚姻咨询、TED访谈、阅读商业书籍的原因，本书尝试阐明这一简单的概念。本书中的所有统计数据、案例、心理学解释，以及各种各样的名人轶事都是为了解释这一主题。没有人能够垄断所有的知识，任何你在工作中曾面对或即将面对的代际问题，其实都源自人们以为自己知道的要多于他们实际知道的这一缘故。

同样的道理，任何群体都不能无所不知。我所做的有关代际管理的培训和演讲内容均聚焦实践，以全美的数百座城市、49个州和2个村镇的数据为基础来进行研究。我在各种场合对各种群体宣扬我的观点，其中包括学术会议、农业博览会、职业女性座谈会、银行家协会、政府机构、非营利组织、企业销售会议等。我曾接触过富人、穷人、强硬的保守派、顽固的自由主义者、城里人、乡下人、资本家、准无政府主义者、移民等各式各样的群体。可以非常自信地说，如果这些群体中的每个人都被赋予把自己的意志强加给其他群体成员的权力，那么这个世界将会翻转，不是变得更好，而是更坏，美国也许将不会存在。同样，如果你的婚姻关系中一方被另一方完全支配，这种婚姻关系也将是不健康的。

"年轻人"，你需要职场前辈们教会你耐心和洞察力，了解他们做过什么，以及如何做的。没有他们的帮助与建议，即便你花费了大量的时间和精力去探索某件事，你也可能会失败，更何况你的方法并不见得比"老家伙"们好。可以证明上述观点的例子很多，马克·扎克伯格创建脸谱网、拉里·佩奇（Larry Page）和谢尔盖·布林（Sergey Brin）创建谷歌（Google），斯蒂夫·乔布斯创建苹果公司，比尔·盖茨创建微软。他们都是在30岁以前实现了事业的成功，但如果没有商业经验丰富的"老家伙"的忠告和帮助，他们不可能做到。

"老家伙"，你需要年轻的后辈用新的眼光去审视你的工作业务，提出一些意想不到的问题，帮助你用现代化的视角去驾驭这个世界。他们出生在一个快速变化的世界，今天的年轻人对新思想极其敏感，只要有用，他们就会乐于接受并为己所用。这一点是我们所有人都应该向他们学习的。

李先生的故事：关于合作共事

我们在第四章初遇李先生，67岁的他属于"婴儿潮"世代，他的职业轨迹接近一条直线，他述说了自己与不同世代的人一起工作的经历：

在我的整个职业生涯中，老板既有比我年长的，也有比我年轻的。而我所管理的员工既有比我年长的，也有比我年轻的。在大多数情况下，不管我是员工还是老板，都能相互尊重并建立良好的工作关系。然而，当出现内部分歧时，理性与平衡丧失，紧张气氛就会笼罩工作环境。

最后，我想用我的一点思考来做总结。当你对职场的代际差异高度重视时，对其就可能在一定程度上产生错误的理解。本书讨论了如职场忠诚、职业道德、职场的变革管理、职业发展预期等，这些问题都源于我们的态度与经验。不同世代的员工中都存在天生忠诚者、长期懒惰者、过分投入的工作狂、习惯性躁狂者、精力旺盛的冒险家、本能的保守者、工作有条不紊者和混乱制造者，也有些人属于以上两种或几种的混合体。

在管理实践中，任何试图为一个世代贴标签的做法都经常会招致批评，原因在于这种标签和现实并不完全匹配。事实确实如此，没有一种品质或特性专属于 30 岁或 50 岁的人，也没有一种品质或特性专属于刚入职 6 个月以及离退休还有 3 年的人。每个人的特质都是自己过往经历的组合，它反过来又构建了我们对生活和工作的理念。每个人的背景都不相同，并体现在渴望、成长、导师、文化，以及教育经历等方面，所有这些在建构我们是谁、我们从生活中得到什么，以及为了实现目标该如何努力工作等方面都扮演了一定角色。

因此，在管理实践中需要尽可能让你的同事加入"我们"的阵营，解决这一问题的唯一完美方法是：深入了解每一个同事，然后根据每个人的特点，为他们提供诸如激励、鼓励、认可和机会等，以满足他们各自的需求。[1]如果做不到，这说明离我们努力追求的理想职场环境还有距离。但是，这种策略处在最好的理想状态上，所以也可能是不切实际的，并且很有可能永远无法实现。

所以，我们退而求其次，来设法将实际实施的做法简化，否则将无法解决实际问题。一些研究代际差异的作家和专家已经选择使用性格类型作为分析框架，来解读我们在职场中是如何合作共事的，这是一个不错的方法，因为每个人的性格往往具有相对稳定性。也就是说，性格内向的人可能终其一生都是性格内向的。但是，考虑到并没有人 100% 表

---

[1] 这也是你曾经读过的绝大多数有关领导、沟通和团队建设相关图书中的核心策略。

现出性格内向、善于分析、容易冲动等诸如此类的特征，所以这个分析框架并不完美。此外，把工作中的人性视为离散型人格类型的集合体具有一定的意义，但前提是"类型"的数量多到能够理解和实施管理。有人曾经设计过一次人格测试，它将员工分成 23 种类型之多，以至于根本无法确定不同类型之间互动的方式，以及对其水平做出区分。我相信那些研究人格类型的人已经尽其所能来提炼更少的类型数量以完善这些理论和方法，以便尽可能实用。但是，从结果来看这种方式并不理想，基于此，我还是提倡简单的"我们—他们"二元分析模式。

相对于用性格类型，用"我们—他们"二元思维对职场进行划分更合理，其原因之一是随着年龄和阅历的增加，许多人性格中的待人处事的态度会发生改变，进而影响我们的行为方式。另外，职场忠诚需要一定的时间来形成和强化，所以，我们会看到，随着年龄的增长，忠诚在逐渐提高。同时，随着年龄增长，骄傲自满的倾向会增加，这是因为当我们获得更多的成功后，追求创新和变革的压力就会逐渐减少。年轻人渴望证明自己，并且希望像成年人一样被认真对待，他们常常表现为拥抱一切变革。对"年轻人"来说，与不得不承认"老家伙"的观点和行为是有价值的相比，最好的方式就是使变革尽快发生。随着年龄的增长，能激励我们的因素也在发生变化。年轻的时候，我们往往追求生命的意义和目的甚于金钱。慢慢地，我们的生活开始稳定，结婚生子，并且意识到除了我们自己和自己的目标，还要考虑其他许多因素。

然而，这种趋势并非绝对不变，毕竟人类是复杂的。通常情况下，人们处理人际关系时都希望尽量把复杂问题简单化，这也是我要做的。与我们熟悉的 4 个世代模式相比，我确信"我们—他们"二元模式更简洁、有效，希望读者能认同和接受。然而，即便你不认可，我希望你也能从本书找到一些对你有用的东西。

我希望你能在本书中发现一些对你有用的东西，希望读者朋友能更有效地利用这些信息（重点见本书第三部分）。编辑建议本书包括三部分，他们认为一本书分为三部分比两部分好。他们告诉我说，如果电影《指环王》（*The Lord of the Rings*）仅以第二部《双塔奇兵》（*The Two Towers*）作为结尾，就会让影迷失望啦。

本书第三部分内容短小精悍，你能从那里找到本书讨论过的所有关键问题和策略，还能找到一些具体的方法步骤，既包括怎样与职场前辈们合作共事，也包括怎样与职场"小鲜肉"打交道。我也打破了一些大家"公认"的观念，即认为"婴儿潮"世代普遍"为工作而生活"，而90后新生代则"为生活而工作"。除此之外，还有一些其他类似的看法，但是我不能全部一股脑说出来，否则读者朋友们继续读下去的动力就没有了。

所以，拜托，不要再对我要求更多啦！我在本书中不是专门讨论过"自力更生，艰苦奋斗"吗？这句话再次送给你，剩下的还是请朋友们自己去琢磨吧！

第三部分

关键问题和解决策略

第九章　如何与"老家伙"沟通

　　你是避免不了要和一群年长者长期共事的。尽管你可能满心希望他们雇用你之后马上集体退休，而美梦初醒之后你会感到些许失落。和这些职场前辈们共事遇到的问题并非你自己所独有。不仅如此，在工作和生活中，每个人周围都有许多讨人喜欢的"老家伙"，这其中包括你的祖父母，当你翻看他们每年送你的生日礼物时，你就会对他们充满浓浓的爱意。如果你看到一个新同事行事老派，即便你看到他们娴熟地骑着怪异的躺式自行车，上面竟然还有辅助轮，你也不会感到惊讶。相信我，他们在工作中是如此淡定，即使心里想出一个好主意，你从他们脸上也看不到表情的变化；他们经常是面沉似水，让你看不出任何波澜。

　　不管喜不喜欢，我们都将和他们一起合作共事。他们中的许多人并没有为退休后的生活积攒足够的积蓄，他们仍"待工作如初恋"——恋爱时间如此之长，以至即便他们有很多的闲暇时间也不知该怎样打发。并且，随着现代医学的进步，他们似乎将会和我们"永远"在一起工作。

　　你可能头疼与他们共度自己剩下的职业生涯，你会向朋友抱怨他们行动迟缓，并对他们顽固地拒绝承认你的才能而表示不满。你可以抱怨命运对你的职业生涯的不公，使你已经工作 5 个月了也无法融入公司，并且，你还可以批评那些年长者密谋把你排除在最重要的工作之外。但是，抱怨几句就得了，如果你想永远在一个不存在他们的环境中工作，那是不可能的——除非你辞职不干了，那是你的权利。

然而，毫无疑问，你期待获得他们的尊重和认可。本章将详细介绍与他们沟通的步骤和方法，以帮助你消除与他们进行职场沟通时存在的障碍。

步骤一：期待他们谦卑一点

十有八九，那些前辈们不会主动满足你这个要求。是的，也许你会偶尔遇到无所不知的"百事通"，上到88岁，下到8岁可能都有这样的人。然而，对于绝大多数比你年长的前辈而言，他们对你的怀疑和轻视，是因为他们"吃过的盐巴比你吃过的米还多"。他们喜欢按自己的套路出牌，是因为他们用那种套路获得过不止一次的成功，并且他们感觉没有必要改变自己的行事方式。假设你处在他们的位置，有一个比你年轻的人建议你改变自己的做事套路时，你也会拒绝改变。因此，如果你把他们对你和你的想法的这种态度，解读为是对你的攻击，你会自绝于组织。但是，一旦你意识到他们这么做并非是故意排挤你或不欣赏你，你将会和他们建立稳固的良好关系。

步骤二：多听少说

和职场前辈交谈时，要做到积极主动地聆听他们的谈话，至少在第一次时要这么做，这样你会发现你的机会很快就会到来。除非你在工作业务方面无人能及，否则必须接受自己作为学生的角色。如果虚心请教，多数职场前辈会很高兴地谈论他们当年是如何"过五关斩六将"的成功经验，他们的目的部分是想向你灌输公司的文化，部分是因为每个人都喜欢谈论自己擅长的话题。让自己成为一个虔诚的聆听者，是建立成功人际关系的关键因素，在这个过程中，在你学习现在的工作是如何运行的同时，你就会有足够的时间去为未来可能出现的问题和新想法做好准备。

步骤三：赞美他们每一个闪光点

如果你曾尽心尽力教孩子弹过钢琴，那么你一定有过这样的经历，即你煞费苦心地告诉孩子们有关钢琴的弦、音阶和旋律等知识时，孩子却置若罔闻，听着他弹出的琴声就像用钥匙打地鼠，可以想象你当时超强的挫败感。与此相同，当你的职场前辈发现，即便你毕恭毕敬地听完了他的宝贵经验之后，一扭头仍旧按照你自己认为的"更新更好的"方法去做时，他们也会有深深的挫败感。如果你认为公司目前的运营管理找不到任何合理、睿智或者非常有效的做法，那要么是你已经长期没关注公司，要么就是你不适合这家公司。因此要让你的前辈意识到你很敬重他们，这样他们就会愿意倾听你的意见。但是不要走得太远，否则的话，你就会表现得像个无耻的马屁精。

步骤四：多请教

如果你熟悉公司运作模式并且对如何改进有一些想法，那么基本上有两种表达方式：直接告诉和旁敲侧击。如果以"我有个好主意……"的方式跟前辈去沟通，这意味着针对他们的低效工作你已经拿出了一个万全之策，而之前他们却对此熟视无睹！这肯定会使得前辈们心存反感。与此相反，你可以尝试这样开始交谈："我们为什么还在主流广播上做广告？"或者"有人关注过拉丁美洲家庭的需求吗？"通过找借口想更多了解工作的方式，就可以顺利地说出新想法。这种方式似乎比较慢，但与有可能被拒绝相比，其效果是没问题的。

步骤五：做好心理受挫的准备

其实，即使你请教足够多的问题，也依然会遇到一些阻力。因为，如果前辈们对他们的做事方式感到自信满满，他们就不会喜欢这种暗示，因为这意味着他们的方式可能存在问题。所以，不要期望他们对你所有的请教都感到高兴，有意识地将新的理念融入到现有的工作体系是一个艰难的过程。那些职场前辈可能不会马上接受你智慧的提议，如果你对此感到生气，那么你可能会一事无成。

步骤六：专注业务能力提升

接下来就可以采取行动了。如果你已经采纳了以上五个步骤，面对前辈们的意见和想法，你表现出细心、善解人意和肯定的态度，那么，很明显你对很多问题已经形成了自己的看法。如果你的团队领导是个 51 岁的"死脑筋"，无视你所说的一切，即便这样也不要怀疑自我。别把精力放在你的想法是否被肯定上，而是要关注你的想法是否能够有助于节约成本、消除冗余、减少工作压力的事实。如果前辈们不知道该如何回答你提出的问题，那就表明他们没有能力去做这件事，这意味着他们在内心是承认问题（或者机会）确实存在的。如果他们还是不听，就去找其他的前辈，再次沟通直到找到一个和你志同道合的人为止。所有的事情只要有了同盟军就会变得更为容易。不要担心，每个人都能判别一个主意究竟是好还是坏，总有一天你会遇到自己的伯乐。

与职场前辈们沟通其实并不困难，即便有时候遇到一点儿挫折，那也是因为我们希望事情发生的速度超出了他们可接受的范围。相信我，我也希望自己能在纽约马拉松比赛中以时速 25 英里的速度奔跑，我尝试过了，但组织者和警察也不适应啊！

第十章　如何与"年轻人"沟通

同样，职场中也少不了那些还是菜鸟的"年轻人"，你也要和他们一起合作共事。很多公司明知这些人资历尚浅，但还会给这些孩子一个职场锻炼的机会。他们参加工作的时间不长，通常是2年甚至更短的时间。由于缺少工作经验，他们可能会让你着急上火。他们总认为自己无所不知，实际上他们需要学习的东西多着呢！他们本应该对此十分尴尬，但实际不然，不是吗？他们穿着打扮很有个性，比如可能留着看起来荒诞的浓密胡须；即便是摔一个四脚朝天，但在站起来之前还会先来个自拍，然后把照片发到微信朋友圈。

你没的选择，很可能你将和他们长期共事。"年轻人"还有一些非常令人讨厌的习惯，如他们不会察言观色，可能会在不适当的时候闯入办公室。他们中的许多人一味拜金，是购物狂和"月光族"。如果你接受不了这些，那么你就只能提前退休回家了。

你可能不喜欢与这些人共度自己的职业生涯，你可能会对他们错位的热情翻白眼，抱怨他们的想法异想天开，对他们总是碰到一点困难就大惊小怪而摇头不止。当然，你可以拒绝跟他们交往，如在集体午餐时把他们排除在外，泡吧娱乐时不叫他们。这样做当然是你的权利，但不要忘了，这也是自我孤立哟。

但是，我知道你想成为一个成熟、高度职业化的职场人，这是每个人追求的目标。接下来，本章将分步骤介绍如何减少与职场"年轻人"

沟通的隔阂。

步骤一：接受他们的急躁

"年轻人"似乎永远都表现出不耐烦。新员工，尤其是优秀的新员工天生就热切地想证明自己，这也是你当年拥有的可贵品质，尽管大多数人忘记了我们都是从曾经冲动任性的 22 岁走过来的（你，我，大家都是）。如果你希望这些缺少经验的新手表现出只有历经磨练才有的冷静克制，那你就等着被现实打脸吧。如果你把急躁视为年轻人该有的品质，就会更好地去面对它，并最终改变它。

步骤二：用现身说法来缓解其急躁

"年轻人"在开始职业生涯时，对公司的文化和运营管理缺少认识和了解，因此需要你指导他们。可以采用一些方法来解决这个问题，比如你可以用现身说法来指导他们如何成长，重点突出你从开始工作到现在经历了哪些艰难；解释你经历的销售周期的长短取决于最后的结果，或者某一次设计方案为什么要反复检验五次而不是两次；解释为什么那一次全面网络检查历时 3 年之久———一切取决于需要。是否做这些解释完全取决于你是否愿意，但除此之外没有其他更好的办法。如果你一言不发完全让他们自己去解决问题，就要做好工作被耽误的心理准备。这种解释的工作做得越多，你从他们那里遇到的现行工作方式方面的阻力就越小。

步骤三：在受挫时给予同情和理解

当某些事情延误，或持续的时间超出预期时，每个人都会感到沮丧（做一件事情如果遇到“飞来横祸”导致功败垂成，没有人能保持淡定）。这种情形出现时，那些年轻和缺少经验的同事几乎肯定会认为你会怒气冲冲地批评他们。所以，这时你要让他们知道你是同情和理解他们的。这样做不会彻底消除他们的挫折感，但是，这会使他们冷静下来共同分析失败的原因。

步骤四：关注并肯定他们思想的每一个火花

如果有年轻同事抱怨现有工作流程陈旧过时，你首先要做的不是去责备抱怨，而是要解释这种工作方法带来的效果和好处。同样，如果有新员工向你提出一个在你看来十分荒谬或不切实际的想法，你也应该尽力找到这个想法的可取之处，而不是本能地进行嘲笑和排斥，这样才能使沟通顺畅进行。

步骤五：坦率指出其潜在问题

在前面的步骤中，我们关注的是怎样让“年轻人”变得理智、维护自尊并激发斗志，但“年轻人”也的确存在问题。他们“伟大的新想法”肯定不是像他们自己想象中的那么完美，前辈们的方法也有一些可取之处。与职场“年轻人”进行有效沟通而不是争吵的话，除了前面四个步骤，坦率指出其潜在问题也是不可或缺的一条。

步骤六：提供资源支持协助解决问题

接下来就可以采取行动了。如果缺少经验的年轻同事执意要去实现他的伟大想法，并且他已经想好了怎么解决你的质疑，那就鼓励他放手去干。如果一个 23 岁的"新新人类"听了你的解释后仍认为他都入职 6 个月还没有得到晋升是不公平的，就鼓励他制订一个个人的"快速成长计划"，而这种规划其他人曾经实现过。授权给他，让他担负所有对工作的责任，这样做的结果反而可能会让你们彼此双方都感到满意。如果他能听从建议，就会表现得对工作全力投入，并且可能会以想出更好的方法来解决问题（这个过程中可能会有多次反复）。如果他做不到，当他下一次再抱怨时，你就可以让他闭嘴。

与年轻或缺少经验的人打交道并不困难，即便有时候遇到一点儿障碍，那也是因为我们期望他们都表现得像我们一样。相信我，我也希望每个人都按照我的要求行事，但如果真是这样的话，嗯……那职场反而不会有我们这些"老家伙"的位置了！

第十一章　变化的生涯动力

　　说到职场的代际差异，有这么一种说法：传统世代与"婴儿潮"世代是"为工作而生活"，而 X 世代与"千禧"世代则是"为生活而工作"。这种典型区别说明了每一代人有每一代人的特点。换句话说，"婴儿潮"世代崇尚生活的品质，而"千禧"世代崇尚工作本身的价值。事实并非如此，至少这些话说得并不准确。纠正这些错误认知、弥合代际鸿沟还有很长的路要走，每一步似乎都是困难重重。

　　可以把"为生活而工作"和"为工作而生活"放到一条线段的两端。一端是纯粹"为生活而工作"的人，他或她只做自己必须要做的事情，以便得到想要的生活品质。线的另一端是纯粹"为工作而生活"的人，他们做一切必要的工作，以便得到他们所需要的工作价值。

　　如果这种假设成立，一个人典型的职业生涯在开始时更接近于"为工作而生活"一端，然后逐步向"为生活而工作"一端慢慢移动，这与人的年龄、文化观念或教育无关。这就是职业生涯的自然发展规律。随着年龄增长，我们大多数人的职业生涯都是按照这样的规律发展的。

　　我们高中或大学毕业初入职场时，大多数人都要经历一段"一人吃饱全家不饿"的状态。多数人还没有结婚生子，这意味着可以专注于自己的意愿。正因如此，大多数"年轻人"都抱着"为生活而工作"的心态，所以这绝不是"千禧"世代专属的特性，尽管他们比其先辈们拥有这种心态的时间更长，其原因在于他们通常要等待更长的时间来买房、结婚、生子。但在 20 世纪 60 年代，根本没有人会把 20 岁的"婴儿潮"世代归类到"为工作而生活"的群体。

随着年龄的增长，我们中的绝大多数需要承担各种各样的责任和义务。我们需要购买公寓、游艇，交物业费，并且强迫自己赚足够的钱来支付各种各样的开支。我们结婚并且有了孩子，突然开始对配偶和孩子的开支以及其他消费进行思考。这是一个自然发展的过程，我们中的大多数人是心甘情愿地进入这种状态的。当我们意识到不再能够由着自己的性子生活时，我们会变得越来越像"为工作而生活"的人。如果能够选择的话，我们会进行反抗，因此，许多人决定不让他们的工作完全主宰他们的生活。但一个无法回避的事实是，与租赁公寓的单身朋友相比，已婚的房主更像是"为工作而生活"的那种人。

这个过程并不一定是单向变化的。我们有时候会逃避责任，如找一份压力较小的工作、解除婚姻、卖掉昂贵无用的度假房，这些举措会给我们一个重新回到"为生活而工作"的生活状态的机会。不过这种事情通常会发生在职业生涯的晚期，尤其是当孩子成家立业和还清抵押贷款之后，我们选择提前退休，或者放弃争取升职的努力。这并不意味着我们不愿意努力工作，而是因为我们决定不再像以前那样拼命工作。很显然，并非每个人都会这样做，但这个趋势还是很容易观察到的。

事实上，"为工作而生活"的 20 岁单亲父母的例子也层出不穷；也有 46 岁从未结婚而"为生活而工作"的纨绔子弟，还有 64 岁失业的老顽童因现实问题无意享受退休生活。总之，不符合 4 个世代模式的人不断出现在我们面前，所以，是否还有必要以出生年月为标准划分职场群体，一再重复"为工作而生活"与"为生活而工作"的划分方法呢？

如果你想弄清员工的工作动机，就不要轻信什么 4 个世代模式，别再被那些"代际标签"所迷惑，把更多的注意力放在关注人们正处在哪一个生涯阶段，这样才会准确地了解职场代际群体的工作、生活，以及二者是否平衡的信息。

第十二章　本书要点回顾

"我们"和"他们"：职场两大群体的共性

1. 不管年龄大小和职位高低，所有人都期待忠诚于某人或某事。

2. 不管年龄大小和职位高低，所有人都期待得到他人的忠诚。

3. 所有人都认为能否建立忠诚取决于亲身体验。当感受到忠诚带来的实实在在的回报时，忠诚就会慢慢提高；当感受到付出的忠诚毫无价值可言时，忠诚就会慢慢降低。建立忠诚是双向的互利行为，而非一厢情愿。

4. 所有人都在寻找对雇主忠诚的理由。因为老板们在得到员工的忠诚后，就喜欢过河拆桥，不再继续对员工付出，这样的情况简直太多了。

5. 随着时间的推移，所有人都希望事情会逐渐变得更好，不管在职业层面还是个人层面，绝对如此！

6. 无论是"年轻人"还是"老家伙"，所有人都会有时忘记上面的内容。

7. 变化是必然的，每个人都在不断地将变化融入到日常生活中，变化既包括个人生活也包括职业生涯。今天的我们已经不是1年前的我们，1年后的我们也不是现在的我们。我们的工作和职业亦是如此，今天的工作方式肯定与1年前大不相同，当然1年后的工作方式也和现在不大一样。

8. 为了追求成功或规避失败，所有人都会自然地寻找复制成功或规避失败的方法，其结果是我们倾向于对现在的做事方式保持不变，以求稳妥。

解码"年轻人"的思维和行为方式

1. 与前几代"年轻人"相比，今天的年轻人对建立忠诚关系更感兴趣，部分是因为他们是在一个联系过于密切的世界中长大成人的，过多的可选项反而使确立自己的位置变得更加困难。其结果是，他们需要努力寻找可以表达忠诚的人、公司，以及理念。

2. 今天的年轻人生活在这样一个时代：促使员工忠诚的动机正在消失，这导致许多人对自己的雇主持谨慎和怀疑的态度。

3. 年轻人的工作资历没年长同事深，因此，他们没有足够的时间确定他们对公司的忠诚是否能得到回报。

4. 许多年轻人错误地认为，由于科技进步加快了生活节奏，因此必须尽快学习技能和知识。纠正这种错误认识并不难，只需要在他们追求加快效率的学习过程中，及时指出这个问题就可以了。

5. 有些年轻人比其同龄人早熟，他们期望能够得到基于自身实际资历的评价。

6. 有些年轻人只是没有强烈的职业道德感，这要么是因为天生懒惰，要么是因为其生长的文化环境不重视个人能力和追求。

7. 由于年轻人缺少在现实工作中成功的经历，他们更倾向于淡化或忽略当下的实践和做法的实际价值。

8. 现代的年轻人倾向于期待变化迅速发生，原因部分在于他们生活在一个不断变化的世界，以致与年长者和更有经验的同事相比，年轻人往往会更热衷于促使变化更为经常和快速地发生。这并不是因为他们认为现有的做法已经失败，而是因为对变化的理解就是变化本就应该更迅速。

解码"老家伙"的思维和行为方式

1. 他们已经工作了相当长的一段时间，有更多的机会认识到忠诚会得到奖赏和回报。

2. "老家伙"的职场经验告诉自己，忠诚一定会得到回报，他们至今仍旧对这一点深信不疑。

3. 他们比年轻人有更多的职场成功的经验，因此，他们期望因其工作资历而能得到别人更多的尊重和认可。

4. 他们那种从上班开就建立起来的扎实的职业道德已经开始动摇，其原因要么是他们变得骄傲自大，要么是他们认为用较少的努力也能获得成功。

5. 他们从现有的实践和程序中获益甚多，所以更倾向于固守老的经验和做法，而不愿意冒风险把其替换为那些未经检验的方法。

6. 更长的工作时间、更多的工作经历和经验是影响一个人骄傲自大的重要因素，所以"老家伙"更易于滑入自高自大的深坑。

第十三章　职场代际管理的策略回顾

与职场"年轻人"共事的策略

1. 在新员工报到第一天就帮他们印好工作名片。

2. 给新人一个在所在部门或团队成员面前报告其所擅长工作的正式机会。

3. 要以最短时间记住新同事的名字,记得打招呼时叫出对方的名字,并尽可能多地给予鼓励和支持。

4. 如果你是一名管理者,记得告诉所有下属,只要他们需要你就会挺身而出并仗义相助。

5. 定期向下属征求对工作的意见和建议。

6. 记得每周或每个月定期邀请同级和下级一块吃顿饭。

7. 如果你是主管或经理,记得主动询问员工除了公司提供的工资和福利外,还需要什么支持。

8. 作为导师,向你的下属提供服务,或者制订指导计划。

9. 用制度保证给年轻人提供施展技能和本领的机会。

10. 如果你周围有对工作态度不成熟的职场"新生代",这时候,你只须把他们跟其他员工的一般工作水平作比较,就能理解和接受他们当下的状态了。

11. 把你自己的职业生涯成长之路与职场后辈们分享,以引导和激励他们。

12. 为即将退休的老同事举行欢送会,以此为机会向年轻同事灌输感恩之心。

13. 定期重点表扬那些经历过多次失败和其他挫折后成功的人。

14. 强调职业成功与个人成功的高度相似性。

15. 寻找合适的机会告诉他们，年龄和经验并不存在必然联系。

16. 如有必要，要果断解雇不胜任工作的"年轻人"。

17. 向年轻人解释你为何如此行事。

18. 寻找案例来说明，在有些时候，我们是如何从一贯的行为方式中受益的。

19. 用先前的失败案例来说明"一切照旧"在特定时候的价值。

20. 让每个人都牢记一个事实，即当今变化的发生比以前更快。

21. 努力构建积极反对骄傲自满的组织文化。

22. 详细解释你是如何确信新举措能够改善业务的。

23. 详细解释你是如何确信坚持现有的工作方法是最好的。

24. 鼓励不喜欢新想法的人去比较你正在思考的变化与过去类似变化的异同。

25. 彼此接受妥协。

26. 认识到你的任何决定都不可能得到所有人的积极支持。

27 犯错误时要勇于担当。

与职场"老家伙"共事的策略

1. 如果你是一名管理者，告诉下属，在必要的时候你一定会为他们出头。

2. 定期向下属征求意见。

3. 邀请你的同事和员工每周或每月定期共进午餐。

4. 询问你的同事和员工他们与公司长期同舟共济的原因。

5. 如果你是主管或经理，主动询问员工除了公司提供的工资和福利外，他们还需要什么支持。

6. 用制度保证给你的员工发挥技能和才华的机会。

7. 告诉你的经理或其他高层，你打算和这家公司共同奋斗到底！

8. 找一个年长者或经验更多的人，并要求他或她做你的导师。

9. 如果你比你的多数同事都年轻或缺少经验，你就要努力工作。

10. 定期重点表扬那些经历过多次失败和其他挫折后成功的人。

11. 强调职业成功与个人成功的高度相似性。

12. 寻找合适的机会告诉他们，年龄和经验并不存在必然联系。

13. 如果必要的话，鼓励不胜任工作的"老家伙"提前退休。

14. 提醒那些抗拒改变的人，其实变化一直贯穿于他们个人和职业生涯中。

15. 让每个人都牢记一个事实：当今变化的发生比以前更快。

16. 努力构建积极反对骄傲自满的组织文化。

17. 详细解释你是如何确信新举措能够提高业水平务的。

18. 详细解释你是如何确信坚持现有的工作方法是最好的。

19. 鼓励不喜欢新想法的人去对比过去和当下的工作实践的异同，以思考和比较现实有无变化。

20. 彼此接受妥协。

21. 认识到你的任何决定都不会得到所有人的积极支持。

22. 犯错误时要勇于担当。